무기력과 평생
거리두기 하는 법

무기력과 평생 거리두기 하는 법

초판 1쇄 2022년 06월 23일
지은이 하보 | **펴낸이** 송영화 | **펴낸곳** 굿웰스북스 | **총괄** 임종익
등록 제 2020-000123호 | **주소** 서울시 마포구 양화로 133 서교타워 711호
전화 02) 322-7803 | **팩스** 02) 6007-1845 | **이메일** gwbooks@hanmail.net

© 하보, 굿웰스북스 2022, *Printed in Korea*.

ISBN 979-11-92259-23-9 03190 | 값 **15,000원**

무기력과 평생
거리두기 하는 법

하
보   지음

감정을
내 편으로
만드는
멘탈 관리
지침서

굿웰스북스

프
롤
로
그

'구렁텅이로 들어간 내 탓이 제일 크겠지요. 당장 지금도 뭘 해야 할지 모르고 비겁하고 여전히 기분대로, 우울한 대로 있으니까요.'

'어릴 적부터 부러워했던 게 있었어요. 힘을 내는 사람들. 마음을 먹으면 해내려고 우뚝 서는 사람들. 그 사람들도 힘을 내서 서는 거겠지만 그걸 나는 못 해서 아무리 힘을 내려고 해도 잘 안 돼서 여전히 방법도 모르고, 몰라요. 비겁하다.'

'이제는 힘들어도 청춘을 살아가는 삶들이 부럽습니다. 나도 그러고 싶은데 자꾸 안 될 거 같다고 외치는 거 같고 그래서 못 하게 되는 거 같아요.'

불과 1년 전, 2021년 5월 21일에 적은 일기 일부분이다. 아주 오래, 무기력과 우울을 안고 살았다. 할 수 없을 거라 자신을 칭하며 그저 가만히 누워만 있었다. 평생 우울과 무기력을 안고 사는 삶을 살게 될 거라는 확신을 지니고 살았다. 벗어나고 싶었던 적도 많았지만 늘 번번이 실패로 돌아가서이다.

위에서 내려봤을 때, 끝도 없어 보이는 구덩이를 스스로 파고 직접 들어가던 사람이었다. 구덩이 속에서 아무리 소리쳐봤자 아무에게도 닿지 못할 거고 그 깜깜함 속에서 스스로를 알아채지도 못할 거라고 생각을 했다.

하지만 1년이 지난 현재, 새로운 시도를 시작했다. 지금 당신이 든 이 책을 쓰게 됐다. 두려운 마음이 컸기 때문에 고민의 시간을 며칠 가졌다. 우연히 기회가 다가왔을 때도 몇 분 망설이며 주춤거렸다. 하지만 못 할 거라는 생각 대신 '한번 해보자!'라는 마음을 지니고 시도를 했다. 시간이 생각한 것보다 오래 걸리기는 했으나 결국 나는 원고를 완성시켰다.

나의 인생을 통째로 무기력과 우울함 속에 허우적거리며 살았던 나도 이렇게 밖으로 나올 수 있었으니, 당신도 할 수 있다는 말을 전하고 싶다.

무기력과 우울감에 빠져 자신을 제대로 돌보지 못한 채, 방치했다. 혼자 갇히게 되면 안정을 찾을 줄 알았던 것과 다르게 고통에 허우적거린다. 그리고 상상한 것 그 이상으로 외로움에 시달리게 된다. 마음의 문을 닫아버린 채로 오가는 사람들을 보게 되니 남는 사람이 없는 건 당연하다. 곁에 있던 친구와의 격차도 벌어져 공감대가 사라져 자연스럽게 연락을 더는 이어나가지 않게 된다. 일어날 힘은 없고, 일으켜줄 주변 사람도 없다. 그렇게 평생을 살아가게 될 줄 알았다.

구덩이를 파고 들어가 소리 없이 홀로 눈물만 쏟아내다 어차피 들을 사람도 없으니 소리 한 번만 내고 울어보자며 훌쩍이는 소리를 내기 시작했다. 그런데 갑자기 귀에 소리가 들려왔다. 아무도 없는 곳에서 누가 혹여나 들을 수도 있을지도 모른다는 마음에 고작 낸다는 게 아주 약간의 훌쩍이는 울음소리였다. 제대로 울지도 못하는 자신이 안타까웠다. 힘 하나 없이 홀로 축 처져 있는 자신이 가여웠다.

그래서 나를 보기 시작했다. 번번이 실패하고 퇴보하는 길을 택했던 나지만 한 번만 더 나아가보기로 결심했다. 조금씩, 아주 조금씩 움직이기 시작했다. 그리고 내가 현재 느끼는 감정이 무엇인지, 어떤 생각을 하고 있는지 살펴보기로 했다. 아파했고 못났던 과거를 인정하기로 했다. 부정하고 변명해도 결국 나인 건 변함이 없으니 말이다.

아무도 듣지 않을 거라고 생각했던 구덩이 속에서의 내 소리가 메아리처럼 울렸던 것인지 밖으로 안내해줄 일들이 생겨나기 시작했다. 마음에 조금씩 변화가 찾아오면서 몸을 일으키려 애를 썼다. 또 우연히 책을 쓰게 되는 감사한 일도 오게 됐다. 괜찮다며 위로를 해주는 사람도 만났다. 내 이야기를 들어주며 같이 고민해주는 친구가 곁에 남아 있다는 걸 깨닫게 됐다.

무기력과 우울을 벗어나는 것은 자신을 아는 것에서부터 시작되어야 한다. 평소 보던 것과 달리 세상을 바라보려 애를 쓰기 시작할 때, 빛이 마음에 아주 조금씩 차기 시작할 것이다.

당신이 당신을 보기 시작한다면, 당신의 목소리를 들을 수 있는 가장 가까운 사람이 다른 누가 아닌 당신이라는 점을 깨닫게 된다. 고작 있는 게 자신뿐이라 실망을 할 수도 있긴 하지만, 내가 나를 봐주고 나의 존재를 인정해주는 것만큼 값진 일은 없다는 걸, 그게 바로 더 큰 꿈을 향해 나아갈 수 있게 해준다는 걸 당신은 머지않아 알게 될 거다.

두렵고 불안할 수 있다. 무서울 수 있다. 다시 그곳으로 돌아갈까 봐

덜컥 겁이 날 수도 있다. 그리고 가끔은 기분이 가라앉을 수도 있다. 뭐든, 괜찮다. 사람이니까, 자연스러운 감정이다. 그런 감정이 드는 날 하루만큼은 자신의 감정이 쉴 수 있도록 내버려 둬라. 채찍질을 하는 것도 옭아매는 것도 아닌, 그저 보듬어주고 안아주면서 하루 정도 쉬도록 두면 된다.

나는 이제 막 도움닫기를 시작한 사람이다. 앞으로 펼쳐진 길이 어떻게 흘러갈지는 모른다. 여전히 앞은 캄캄하다. 그렇지만 '나의 인생'이라는 영화의 주인공은 '나'다. 나는 영화의 결말을 '해피엔딩'이라고 설정했다. 믿으면 된다. 보폭이 아주 좁고 걸음이 느릿하더라도 조금씩 앞으로 걸어갈 자신을 굳게 믿으면 된다. 결국 그곳에 닿을 거라고 말이다. 가끔은 뒤를 돌아볼 수도 있다. 하지만 뒤로 가지는 않을 것이다. 나는 내가 소중하니까. 그리고 내가 원하는 것은 저 뒤로 가는 것이 아닌 앞을 향해 전진하는 것이라는 걸 알고 있으니까.

나는 앞으로 걸어갈 여정을 당신과 함께하고 싶다. 서로의 성장을 응원하고 때로는 감정을 위로하며, 같이 나아가고 싶다. 당신의 여정에 내가 참여를 해도 될지, 물어보고 싶다.

내가 나오려 시도를 했고 끝내 새로운 일을 시작한 것처럼, 당신 또한 할 수 있다. 자신을 사랑하고 믿는 존재가 될 수 있다. 그리고 우리는 다른 이들이 한 것처럼 위대한 사람이 될 수 있다. 우리라고 못 할 이유가 없지 않은가?

조금씩 세상 밖으로 나와 화사하게 웃으며 맑은 날을 바라보는 당신이, 우리가 보인다.

오래 끌어안았다. 너무 붙잡아뒀다. 이제는 무기력도 우울도 우리 곁을 떠날 준비가 됐다. 보내주자. 그동안 곁에 맴돌아 많은 생각을 하고 성장할 수 있는 발판이 되었다고, 충분하다고 보내주자. 당신은 그럴 수 있다. 가끔 찾아오면 휴식을 달라는 말로 이해를 하고 대해주자. 그렇게 유연하게 보내보자.

당신은 할 수 있는 사람이다. 당신의 생각 그 이상으로 당신은 많은 걸 이루어낼 수 있는 사람이니 말이다.

"힘든 상황에서도 포기하지 않고 안아주신 부모님께 감사를, 언제나 곁에서 함께 있어주는 나의 언니와 동생에게 고마움을 전합니다. 나를 지지해준 소중한 친구에게도 고맙다는 말을 전합니다."

목
차

2장

격하게 아무것도 하기 싫다

5장

감정을 내 편으로 만들면 인생이 쉬워진다

아무것도 하기 싫고

온종일 피곤하다고?

1장

쉽게 잠들지
못하는 밤

하루의 일과를 끝내고 피곤함에 절어 더는 버티지 못할 상태로 잠자리에 들었을 때, 쉽게 잠들지 못한 경험이 있는가? 그런 적이 있다면 당신은 어떤 것들로 인해 잠들지 못했나? 아마 다수는 머릿속을 떠다니는 헝클어진 생각들로 인해 잠에 빠지지 못했을 것이다. 그런 밤중의 생각들은 불안함, 두려움, 공포, 우울감 등의 부정적인 감정을 느끼게 했을 것이다.

나도 자주 쉽게 잠들지 못하는 밤을 보내곤 했다. 꽤 어린 시절부터 그래왔다. 모두가 잠든 밤인데도 쉽사리 잠들지 못한 나는 생각들이 떠오르기도 전에 부정적인 감정들을 느끼곤 했다. 아무런 소리도 나지 않는 깜깜한 공간을 두 눈 뜨고 가만 바라보고 있으면 공포감이 엄습해왔다. 그런 감정을 느낄 때면 그 감정을 없애고 싶었으나 그 방법을 몰랐다.

베개를 끌어안고 이불을 두 손으로 꽉 쥐며 울먹이는 것 외에는 할 수 있는 것이 없었다. 한참을 그렇게 있으면 머릿속에서 둥둥 떠다니는 문장들이 있었다. '내가 여기서 사라지면 어떻게 되는 거지?', '나는 어차피 사라질 존재가 아닌가?', '그러면 나는 왜 태어난 거지?', '애초에 태어나지를 말지!', '어차피 사라질 존재인데 도대체 이 세상에는 왜 태어난 거지?'

이런 생각들이 줄지어 머릿속을 헤집으면 숨이 턱 막혀왔다. 어둠으로 인해 아무것도 보이지 않는 공간이 마치 내가 사라질 준비를 마친 대기실 같았다.

생각들이 며칠에 걸쳐 계속 떠오르고 잠을 이루지 못하는 밤이 늘어갈 때쯤, 나는 알았다. 내가 두려워하는 존재가 '죽음'이라는 것을. 현실을 사는 나라는 존재가 사라지는 방법은 죽음뿐이라는 것을.

한번은 이렇게 압박감과 두려움을 느끼게 하는 존재인 죽음에 대해 친구에게 물어본 적이 있었다. 그때가 아직도 기억난다. 왠지 부모님께는 여쭤보면 안 될 것 같다는 느낌이 들었다. 답답한 마음에 누군가에게 털어놓고 싶었다. 그러나 쉽게 마음을 여는 유형이 아니었던 터라 학교 친구를 붙잡아 물어보고 싶지는 않았다. 그래서 어릴 적부터 알고 지내던 친구에게 학원 차를 기다리던 중에 물어봤다.

"너는 죽음에 대해 생각해본 적 있어?"

당시 내 질문에 대해 친구는 어깨를 으쓱이며 생각해본 적이 없다고 답했다. 아직 어린 나이인데 그걸 생각할 일이 뭐가 있겠냐는 게 친구의 답이었다. 친구의 대답은 당시 초등학교 3학년 학생이 하기에 적합한 답이었다.

친구의 답을 듣고 나서 알 수 없는 감정들이 또다시 나를 휘감아오는 느낌을 받았다. 학원 차를 기다리며 친구가 또 다른 친구와 장난을 치고 있는 동안 나는 땅바닥만 바라봤다. 왜 나는 친구의 말처럼 현재 생각하지 않아도 되는 죽음에 대해 자꾸 불안감을 느끼고 있을까, 고민하면서. 그리고 하염없이 웃고 장난치고 있는 친구들의 모습을 바라보며 부럽다는 감정을 느꼈다.

잠깐 스쳐 지나가는 생각들이겠거니 하고 가볍게 넘겼던 어린 날이었다. 그러나 가볍게 넘겨지지 않았다. 자라면서 점점 더 죽음과 함께 삶에 대한 공포감과 두려움이 일었다. 당연히 잠은 더 쉽게 오지 않았다. 숨이 턱턱 막히는 걸 넘어서서 아무도 없는 공간에서 누구에게 매달리는지도 알지 못한 채 나는 애원하고 있었다. 무얼 바라는지, 어떤 걸 이루고 싶은지도 모른 채 그저 애원하고 있었다.

정확한 소망도 없이 그저 좋은 걸 가져다 달라며 생떼를 쓰는 듯한 나의 울부짖음에 답이 주어지지 않는 건 당연했다. 그러니 하루하루 지날수록 가슴은 더 답답해져만 갔다.

분명 하루를 다 보냈고 피곤한 게 맞다. 그래서 잠들려고 눈을 감았다. 하지만 눈을 감는 순간부터 잠이 달아나는 듯했다.

'오늘 왜 그런 행동을 했지?', '앞으로는 어떻게 살아야 하지?', '도대체 나는 왜 태어난 거지?', '아무것도 달라지지 않는 상황인데 난 어쩌지?', '내일은 또 어떻게 하루를 버티지?' 등 잠 대신 온갖 잡생각들이 머릿속을 지배했다.

생각들이 점점 차오르기 시작하면 언제부터인가 눈물을 글썽이게 되었다. 운다는 걸 부모님께 들킬 수는 없어서 이불을 머리끝까지 덮었다. 그리고 이불의 남은 부분을 모아 끌어안았다. 몸이 점차 떨려왔다. 베고 있던 베개가 촉촉해지는 것이 느껴졌다.

이렇게 나는 어릴 적부터 끊임없이 죽음과 삶에 대한 고민으로 잠을 자지 못했다. 가끔은 밤을 지새우는 날들도 있었다. 이런 날들이 계속될

수록 나에겐 그런 생각들을 해소하고 싶다는 마음이 생겼다. 그러나 그 방법을 몰랐다.

지혜로운 사람들이라면 올바른 해소 방법을 찾았을지도 모르겠다. 하지만 나는 지혜롭지 못했다. 불안감과 공포에 뒤덮여 사리 분별을 제대로 할 수 없었다. 당시 나는 밤이면 느끼게 되는 공포감과 불안감을 다른 것에 옮겨야겠다고 생각했다. 그래서 당시 여자 초등학생들 사이에 유행하던 '인터넷 소설'을 밤에 줄기차게 보기 시작했다.

도피가 시작되었던 셈이다. 내가 왜 그런 감정을 느끼는지 알아보지 못하는 대신 피하고 싶었다. 초등학교 고학년이 되고 난 이후부터 시작된 도피는 끝맺음이 되지 않았다.

초등학생 때 읽었던 인터넷 소설이 지겨워지기 시작할 때쯤 나는 도피처를 옮겼다. 게임으로. 인터넷 소설과 마찬가지로 아무런 생각을 안 해도 된다는 이유로 게임을 시작한 것이다. 밤을 지새우는 일들이 더 잦아졌다. 게임이 지겨워지기 시작하면 간간이 했던 '연예인 덕질'에 집중했다. 그리고 혼자서 덕질하기가 버거워질 때쯤에는 나름 건전하게 참여할 수 있었던 '커뮤니티'에 더 많은 시간을 할애했다.

그렇게 밤을 새우고 학교에 가는 일이 많았다. 그걸 하는 동안은 내가 파는 연예인에 대해 더 알 수 있었다. 그리고 팬들과 함께 응원을 나눌 수 있다는 점이 좋아 더 헤어 나오지 못했다.

나는 공포감과 불안감에 싸여 시작했던 도피가 오히려 나를 갉아먹고 있다는 사실을 알지 못했다. 그것을 인지하기 시작했을 때는 시간이 한참 흐른 후였다. 나는 어느새 성인이 되어 있었다.

성인이 되고 나서 나의 상태를 인지하기 시작했을 때는 어릴 적에 느꼈던 것과 차원이 달랐다. 학창 시절까지 같은 범주에 있었던 친구들은 여전히 출발선상에 있는 나를 까마득히 앞서가고 있었다.

그 사실을 깨닫고 나니 주위가 보였다. 자세하게 바라볼 수는 없었다. 스스로가 그렇게까지 못났다는 사실을 인정하기 싫은 어리숙한 마음 때문이었다. 둘러본 주변 환경은 참담했다. 어릴 적에 보던 것과 별다를 게 없었다. 그리고 그런 환경 속에서 살아가는 나 자신은 인정하고 싶지는 않지만, '찌질이' 그 자체였다.

도피처에서 살아가던 그 수많은 밤에는 공포와 불안, 두려움을 느끼지 않았냐고 질문할 수도 있겠다. 하지만 대답은 'NO'다. 죽음과 삶에 대해 생각하면서 나를 집어삼킬 듯한 어둠 속에서 헤어 나오지 못한 밤이 정말 숱하게 많았다. 그런 감정들을 무시하며 내렸던 결론들은 뒤에 쓸 테지만 처참하기 그지없었다.

그 결론들로 인해서 성인이 되고도 많은 시간이 지나도록 밤에 잠을 이루지 못했다. 나는 어릴 적에 애원하던 행동을 넘어서서 무릎을 꿇고 손을 모아 빌며 울기 시작했다. 모두에 대한 죄책감, 한심함, 불안함, 두려움, 스스로에 대한 원망 등의 부정적인 감정들이 총집합했다. 나는 잠을 이루고 싶어도 며칠 동안 잠을 이루지 못하는 사람이 되어버렸다.

몇 시간 눈물만 흘리다가 잠든 어릴 적의 상태를 넘어 나는 누군가에게인지도 모르게 잠을 구걸했다. 잠자고 싶은 하루가 매일 반복되었으나 꼭 자면 안 된다는 듯이 밤만 되면 잠이 달아나버렸다.

그렇게 밤잠을 이루지 못하며 나는 어릴 적의 생각과 다를 바 없는 생각을 계속하는 어른이 되었다.

'나는 왜 태어난 거지?'

'앞으로 어떻게 살아야 하지?'

'이렇게 쓸모없는 내가 흔적도 없이 사라졌으면 좋겠다.'

02

기대되지
않는 내일

하루를 보내고 잠들기 위해 누울 때면 항상 바라던 소원이 있었다.

'내일은 조금은 더 달랐으면 좋겠다.'

그랬던 날이 있었다. 희망찬 내일을 기대하던 밤이 있었다. 그런 나의 밤은 얼마 가지 않아 산산조각이 났다.

어릴 적을 떠올려보면 늘 불안함에 갇혀 있었다. 나는 큰소리가 나는 게 싫었다. 그렇지만 아이러니하게도 적막한 것도 싫었다. 두 가지 모두 내가 눈치를 보게 되는 상황에서 나타났으니까.

적막함이 시작된다는 건 폭풍이 시작되기 전 전조와 마찬가지였다. 폭풍 전야. 그 속에 있을 때면 나는 아무런 말도 하지 못하는 벙어리가 되었다. 내가 말 한마디를 내뱉게 되었을 때 받게 될 화를 감당하고 싶지 않았다. 아니, 초등학교도 들어가지 않은 꼬맹이는 감당할 수 없었다는 게 더 맞는 말일지도 모르겠다. 그저 가만히 눈만 굴릴 뿐이었다. 입술을 물어뜯고 손을 가만히 두지 못하며 초조해하는 모습이 온통 티가 났지만 그걸 봐주는 사람도 달래주는 사람도 없었다.

"나가 있어."라는 말이 귀에 들려오면 폭풍이 시작된다. 안방에서 내쫓긴 우리는 안방 앞을 계속 서성거렸다. 소리를 질러댄다. 물건을 던지는 소리도 난다. 얼마 가지 않아 울음 뒤섞인 분노가 들린다. 혹여나 큰일이 나지는 않을까, 누군가 우리 곁을 떠나지는 않을까, 불안한 마음들에 참았던 울음을 소리로 쏟아냈다.

역효과였다. 우리가 너무나 무서워하는 표정으로 방문을 열고는 "자꾸 울면 더 그럴 거니까 울지 마."라는 말을 한다. 열린 문틈 사이로 충격적인 장면을 목격했음에도 우린 울음이 밖으로 새어 나오지 않게 입술을 손으로 막았다.

하루는 아침에 눈을 떴을 때, 싸한 공기가 느껴졌다. 어린 내게도 느껴졌던 싸한 공기. 그때의 감정이 생생하다. 엄마가 임신하셨던 것도 아니었고 당시 동생이 있었던 것도 아니었을 때였다. 그러니 당시 나의 나이는 고작 다섯 살 정도였다.

이른 오전 시간에 먼저 눈을 떠서 침대에 있는 아빠를 바라봤다. 아빠는 내가 일어난 걸 아셨는지 낮게 깔린 목소리로 말씀하셨다.

"앞으로 엄마 없이 우리끼리만 살 거야. 엄마 찾지 마."

오전에 일어나자마자 처음으로 들은 말이었다. 그 말로 인해 불안함이 다시 심각하게 올라왔다. 옆에서 자고 있던 언니를 깨웠다. 내 손길 하나에 언니는 일어났다. 울먹이는 나를 보며 무슨 일이냐고 물었다. 그리고 아빠께서는 언니에게 같은 말을 반복하셨다.

아빠의 말을 들은 우리는 울었다. 엄마가 없는 세상, 그건 상상할 수도 없었다. 수많은 일이 있었음에도 곁에 있던 엄마가 사라졌다. 버팀목이 사라졌다. 아빠의 화를 돋우고 싶지 않아 소리 내어 울지 않으려 노력했었다. 그러나 어린 우리에게 울음을 참아내는 일이 쉽지 않았다. 꽉 틀어막은 입 밖으로 소리가 새어 나왔고 결국 아빠의 입에서는 울지 말라는 소리가 나왔다. 한 번만 더 소리가 들리면 성질을 내겠다는 아빠의 말에 벽에 기대 엄마의 베개를 끌어안고 얼굴을 파묻었다. 그리고 속으로 계속 바랐다.

엄마가 제발 우리를 버리고 간 게 아니기를. 다시 와주기를.

초등학교에 들어가서도 달라진 것은 없었다. 우리 집은 화장지 한 묶음 아니, 하물며 두루마리 화장지 하나를 살 돈이 없었다. 그래서 집에 화장지가 떨어졌을 때 엄마께 말을 하면 엄마는 외상을 하라고 하셨다. 가끔 엄마가 일을 마치고 밤늦게 들어올 때, 엄마께서도 외상을 하고 물건을 가져오시기도 하셨다. 슈퍼 사장님께서 너무 좋으셨던 분이었다. 자주 외상을 부탁했음에도 불구하고 우리를 오래 보셨다는 이유로, 엄마가 날짜에 맞게 돈을 가져다드린다는 이유로 거절하신 적이 없으셨다.

추운 날이었다. 도시가스비를 낼 돈이 없었다. 당연히 가스는 안 들어오고 따뜻한 물도 나오지 않았다. 그럴 때면 우리 집은 버너로 모든 걸해결했다. 음식은 물론, 샤워할 따뜻한 물까지. 주전자에 물을 가득히 채워 버너에 올린다. 그리고 한참을 기다려 물이 끓으면 작은 욕조에 물을붓는다. 샤워하기에는 턱없이 부족한 물의 양이다. 그래서 우리는 그걸여러 번 반복해야 했다. 중간중간 물이 식지만 마지막 물을 부을 때면 찬물 한 바가지를 섞어주어야 딱 맞을 만큼 뜨거웠다.

가끔 우리는 현관문이 아닌 다른 문을 통해 밖으로 나갔다가 들어오기도 했다. 밖에 빚쟁이 아저씨들이 현관문을 오전부터 쾅쾅 두드리기 시작하면 나는 싱크대 앞에 있는 직사각형의 작은 창문을 통해 등교했다. 학교를 마치고 집에 왔을 때도 현관문 앞에 빚쟁이 아저씨들이 있는 걸발견하면 발걸음을 돌려 주방 창문으로 하교했다. 반지하에 살았기에 가능했던 일이었다.

항상 주위를 살폈다. 누가 나를 볼까 노심초사했다. 가끔 주방 창문 앞에 차가 주차되어 있으면 집 안에 있는 내가 가려질 테니 오히려 안심이 되었다. 그러나 차가 없을 때는 누군가가 볼까 불안해 마음을 졸였다.

하교할 때는 학원을 간다거나 놀이터에서 노는 아이들이 있어서 나와 같은 시간에 그 골목을 지나는 사람은 없었다. 반면에 등교할 때는 아니었다. 그 시간에 골목을 지나다니는 학생들이 많았다. 주방 창문을 통해 나오는 내 모습을 누군가가 보더라도 아무렇지 않은 척하려 애썼다. 내가 알고 있는 사람이 이런 내 모습을 보지 않았던 것에 나름의 위안을 얻었다.

주방 창문으로 넘어가는 일을 마지막으로 경험한 것은 초등학교 4학년 가을이었다.

초등학교 5학년의 겨울이 끝이 날 때쯤에 집이 경매에 넘어갔다. 수업이 끝나고 집에 가려 학교를 나서서 핸드폰을 켰다. 엄마께 문자가 와 있었다. 이사를 했다고. 인사를 하며 헤어지는 친구들 틈 사이에서 나는 충격받은 티를 내지 않기 위해 애써 웃었다. 인사를 했다.

엄마에게 받은 주소를 통해 도착한 집은 굉장히 좁았다. 그래도 다행인 건 원룸은 아니었다는 사실이었다. 방이 두 개였다.

엄마 혼자 이사를 마쳤던 날, 처음으로 새집에서 자게 된 날 밤은 당연히 어둠이었다. 이번에는 엄마께서 그러셨다. 엄마의 목소리는 떨려왔다. 숨기려 하셨지만 울음투성이었다.

"아빠 없이 우리끼리만 사는 거야."

잠을 자기 전까지 나는 끝없이 불안했다. 겨우 잠이 들었던 난 새벽에 눈을 떴다. 작은 집에서는 작은 소리까지도 너무 잘 들려왔다. 그 작은 소리에는 화와 짜증, 울먹이는 소리가 뒤섞여 있었다. 듣고 싶지 않았으나 귀를 통해 소리는 자꾸 들려왔다. 경직된 몸으로 나는 또 오랜 시간 잠을 이루지 못했다.

눈을 감고 자는 척을 할 때, 한숨과 뒤섞인 울음 가득한 소리를 한 아빠가 우리의 머리를 쓰다듬었다. 그리고 이어 아빠는 잘 살라고 하는 말을 전하셨다. 몸이 굳은 나는 아빠를 잡을 수도 없었다.

초등학생 때부터 고등학생이 넘는 시간까지 같은 감정의 반복이었다. 아주 어렸던 시절부터 있었던 감정들이 시간이 지난다고 해서 달라지는 건 아니었다. 사람이 바뀌지 않으니 달라질 수가 없었다.

나는 내가 안에서 겪는 것들을 밖에 드러내고 싶지 않았다. 철저하게 숨기고 싶었다. 아무렇지 않은 척, 아무 일도 없는 사람인 양 굴었다. 누군가가 내 사정을 알게 될까, 내 마음을 알게 될까, 숨기기에 급급했다. 눈치를 보는 데 많은 시간을 썼다. 초조하게 떨리는 심장이 나중에는 이유도 알지 못한 채 시도 때도 없이 뛰었다. 가끔은 시선이 자꾸 멍해지며 머리가 울렸다. 토할 거 같이 속도 메스꺼웠다. 이 모든 걸 티를 내지 않으려 했다.

그렇게 매일 하루를 보내고 나면 진이 빠졌다. 내일도 똑같이 눈치를 보며 감정을 숨겨야 한다는 사실이 싫었다. 내일도 똑같이 싸움 소리를 들어야 할지도 모른다는 불안감을 늘 지니고 사는 것도 싫었다. 내일도 똑같이 돈 때문에 힘든 일을 하는 부모님의 모습을 보고 싶지도 않았다. 내일도 똑같이 어떻게 돈을 내야 할지 걱정이 가득 찬 한숨 소리를 듣고 싶지도 않았다.

10년이라는 시간이 흘렀다. 달라진 것들이 있긴 했다. 학교에서 내라는 미납금이 거의 없어졌다. 준비물 살 돈이 없어 선생님께 혼나던 일도 없었다. 학교에서 겪는 돈에 대한 창피함이 사라지긴 했다. 학교와 거리가 멀었으나 외곽 지역으로 이사도 했다.

그러나 그게 다였다. 나머지는 전과 다를 게 없었다. 돈에 대한 경험의 창피함을 겪는 일은 없었으나 어떻게 내야 하느냐에 대한 걱정은 그대로였다. 그리고 내일이 오면 사랑하는 누군가가 곁에서 사라질까 불안했다. 내가 겪던 감정들을 날이 갈수록 참아내는 게 힘들었다. 차라리 내일이라는 게 없었으면 했다. 내일이 온다는 말이 싫었다. 다른 사람들과 내일을 혹은 다음을 기약하며 인사를 했지만 나는 그게 그리도 싫었다. 그냥 끝을 내고 싶었다. 내일이라는 게 없기를 바랐다. 어차피 똑같은 감정들의 반복일 텐데, 이 감정들을 나는 계속 느끼고 싶지 않았다.

나를 조절할 수가
없어요

걱정이 많은 사람들에게, 불안을 느끼는 사람들에게, 겁이 많은 사람들에게 사람들은 흔히 말을 하곤 한다.

"너무 걱정하지 마. 잘될 거야."
"불안해하지 마. 괜찮아."

나 역시도 많은 이에게 이런 말을 했다. 고민을 앓고 있는 사람에게 가장 흔하게 할 수 있는 위로의 말이라 쉽게 전하곤 했다. 물론 나도 이런 말을 많이 들으며, 또 보며 자랐다. 듣는 순간에는 그 말이 꼭 맞는 것인 양, 정말 다 잘 지나갈 것만 같은 느낌이 들었다. 하지만 그건 순간이었다. 잠깐의 찰나였다. 위로의 말에 깜빡 속아 잠깐 착각한 것이었다. 착각이라는 걸 알면서도 나는 항상 속았다. 그리고 속았다는 사실을 깨닫는 데는 항상 오랜 시간이 걸리지 않았다.

매번 벌어지는 일들의 형식적으로 보이는 부분은 해결이 되었을지 모른다. 그랬을지도 모른다, 사소한 부분들에서는. 그러나 실질적인 부분들은 해결이 되지 않았다. 해결되지 않은 부분들이 점점 쌓이고 쌓여 후에 크게 터질 거라는 생각을 미처 하지 못했다. 참으면 되는 줄로만 알았다. 그러면 다 흘러갈 줄만 알았다.

내게 현실은 '무조건 참아. 그래야만 살아.'라고 가르쳐주는 듯했다. 내가 말을 한마디 더 아끼면 조용했다. 행동 하나를 하지 않으면 평온하게 지나갈 수 있었다. 아무것도 하지 않으면 안에서 살아남을 수가 있었다. 어디서든 그랬다. 이 법칙은 어디에서든 통했다. 그곳이 집이든, 학교든.

현실이 알려준 것처럼 오랜 시간, 아주 오랜 시간 참았다. 그러나 참는 것에는 한계가 있었다. 계속 참을 수가 없었다. 참을 수 없던 나의 이 마음들은 사춘기에 들어서자 삐뚤어졌다. 여느 다른 사춘기 학생들과 다를 바 없이 반항이 시작되었다. 성질이 예민하게 날이 섰다. 그리고 그 화풀이 대상은 제대로 된 방향을 잡지 못한 채 가족 구성원이 되었다.

가족 구성원으로 분노가 향하게 되었을 때 그 첫 대상은 아빠였다. 내가 기억이라는 걸 할 수 있게 된 나이 때부터 상처를 많이 받은 탓이었는지, 보여준 모습들이 너무 무서웠기 때문이었는지는 모르겠다.

아빠에게 대드는 걸 시작으로 아빠와 벌이는 잦은 싸움이 시작되었다. 아빠를 향한 나의 불안 그리고 무서움과 싸운 것이 아니었다. 여전히 아빠는 무서웠고 두려운 존재였다. 성인이 되어서도 그건 마찬가지였다. 그래서 내가 대들 수 있는 건 해봤자 아빠의 말에 불만을 내뱉는 것, 그리고 내가 잘못하지 않은 것에는 굽히지 않으려 했던 정도뿐이었다. 물론 후에는 내가 굽힐 수밖에 없었지만. 아니면 밖에서 친구들과 있을 때 전화를 가끔 무시하는 정도. 이 정도가 고작 내가 할 수 있는 전부였다.

아빠를 향한 나의 예민한 성질이 드러났을 때, 다음 대상은 나머지 모든 가족 구성원들이었다. 무엇이든 내가 사과하기를 바랐다. 내가 계속 가만히 잠자코 넘어가기를 바랐다. 나는 그러고 싶은 마음이 없었는데, 가족들은 내게 항상 강요했다. 그게 마음에 안 든다는 이유였다. 상처를 주는 말도 스스럼없이 뱉었다.

그리고 부모님의 자꾸만 반복되는 싸움에는 엄마의 책임도 컸다는 이유로 엄마에게도 많은 화를 내기도 했다. 엄마는 아빠와 달리 속절없이 내게 당해주었다. 가끔 아닌 건 아니라고 딱 잘라 말해주셨지만, 엄마는 내게 당해주시는 편에 속했다. 엄마는 내게 늘 미안하다고 하셨다. 나는 엄마에게 내 분노를 표출할 수밖에 없었는데 말이다.

언니와 동생은 너무 착했다. 당시 밖에서 참았던 나의 감정들이 집으로 돌아오기만 하면 화로 바뀌었다. 매만 안 들었을 뿐, 어릴 적 내가 보던 아빠의 모습과 다를 거 없이 화만 내는 나를 언니와 동생은 감당해야 했다. 아무런 잘못도 없는 사람들이었다. 이유도 없이 자꾸만 자신들의 숨통을 조여오는 나의 화를 다 받았다. 그리고 그들의 감정이 점점 썩어가고 있다는 걸 나는 깨닫지 못했다. 나보다 더 힘들었을 사람들이었는데 나는 안아주지 못했다.

나는 꽤 오래 내 잘못을 알지 못했다.

철없던 나의 행동들의 결과가 시간이 지나 되려 내게 다가왔다. 성인이 되었을 때 나는 계속 집에 갇혀 사는 삶을 스스로 선택했다. 집에 있다고 해서 일이 생기지 않는 건 아니었다.

일이 생길 때마다 나는 분노했다. 불안해했다. 무서워했다. 방에 틀어박혀 며칠을 나오지 않았다. 아빠와 몇 달간 말을 주고받지 않았다. 그렇게 계속 집 안에 틀어박혔다.

혼자 있으면 생각이 많아진다. 혼자 있으면 우울함이 커진다. 그럴 때 드는 생각들은 당연히 부정적인 것들뿐이다. 그 시간 속에서 내가 가졌던 감정들은 죄책감이었다. 죄책감이 커지면 커질수록 버티는 게 힘이 들었다. 차라리 다른 사람의 눈치를 보며 그냥 꾹 참는 게 편할 정도였다.

'알지, 누가 모르겠어. 자꾸 놓는 게 힘들어서 이러지. 좋은 기억이 아닌 나쁜 기억들이고 모든 게 나의 잘못이라 나도 놓아야 다르게 살아갈 걸 알지, 잘 알아. 그렇지만 너무 잘못한 게 많아서 놓기가 힘들어. 놓아야지, 놓자. 이게 맞는 거니까.'

'사실 죽을 거 같아요, 죽고 싶어요. 이런 생각 안 하려고 꾸역꾸역 참았는데, 하필이면 자꾸 생각이 드는 게 이거야. 진짜 죽고 싶어요. 몇 년을 입 밖으로도 내지 않고 살아가려 했던 건데 더 이상 생각 안 하기는 글렀어. 진짜 죽고 싶어요, 진짜.'

'어떡할지 몰라 속상하고. 또 나는 그냥 엄청 불안하고 무섭고 울고 싶은데 꾸역꾸역 참아야지. 별 수 있나.'

2018년 당시 내가 썼던 일기 중의 일부이다. 밤에 잠을 자기 전에 나는 계속 빌었다. 눈을 뜨지 않았으면 좋겠다고. 차라리 애초에 내가 세상에 존재한 적 없는 존재이기를 바란다고. 이기적이었지만 그렇게 빌었다.

이렇게 빌고 나면 항상 꿈을 꿨다. 그래서인지는 모르겠으나 당시 꿈을 가장 많이 꿨다. 이때 꾸던 모든 꿈에는 현실이 그대로 반영되어 있었다. 현실에서 겪었던 상황들이 그대로 나타났다. 그 상황에 있었던 사람들 또한 현실과 마찬가지로 그 자리에 그대로 있었다. 현실과 달랐던 점은 꿈속의 내가 행복감을 느끼고 있었다는 것이다. 웃고 있었다. 꿈에서 깨고 싶지 않았다.

'요즘 그냥 꿈속에서 살고 싶다.

그게 더 행복한 거 같아서 사실 요즘은 아무것도 안 하고 종일 잠만 잔다.

꿈을 꾸게 해달라 바라며.

잠에서 깨면 억지로 다시 눈을 감고 꿈을 꾸자고 생각하고 잠을 잔다.'

잠을 못 자던 전과 달리 하루에 잠을 10시간 이상 잤다. 오후에 일어나면 잠을 다시 청했다. 너무 많이 잔 잠 탓에 선잠 상태에 머물러 있을 때가 많았다. 난 선잠 상태로 오래 머물러 있으면 가위에 눌린 듯한 느낌을 받는다. 당시에 나는 이 느낌만 지나면 잠이 들어 행복한 꿈을 꿀 수 있을 거란 생각에 가득 차 그 느낌도 달게 받았다.

다시 잠을 청했을 때 꿈을 꾸던 일은 많지 않았다. 아주 가끔 있었다. 나는 그 가끔의 시간을 위해 온종일 잠만 자는 걸 마다하지 않았다.

그렇게 나는 꽤 오래 이 행동들을 반복했다.

스스로 통제하지 못해서 나를 포함해 많은 사람에게 상처를 안겼다. 그리고 또 많은 시간을 낭비했다.

그런데도 나는 조절하지 못하는 나의 습관을 버리지 못했다. 오랜 시간 동안 함께했다. 불행하게도.

04

이 핑계, 저 핑계로
미루고 싶어요

해야 하는 일을 미룰 수 있는 한 극도로 미루는 사람들이 있다. 발등에 불이 떨어질 때까지 미루는 사람들이 있다. 그러한 사람 중 하나가 나다.

나는 학창 시절에 숙제가 주어지면 집에 와서 한 적이 많이 없다. 할 범위가 많은 경우에는 간혹 집에서도 하기는 했으나 기억상 다수는 학교에서 수업 시작하기 바로 전에 숙제를 끝냈다. 수학의 경우에는 친구들의 것을 베끼던 경우도 있었다. 답지를 보던 일도 있었다.

나는 나의 이런 할 일을 미루는 버릇이 학창 시절이면 끝이 날 줄 알았다. 끝이 아니었다.

2016년 11월 17일 목요일, 내가 고등학교 3학년 학생으로서 처음으로 수능을 친 날이었다. 나는 수능 준비를 하지 않았다. 3학년을 1년 동안 다니면서 준비를 하나도 하지 않은 건 아니었다.

내가 여태 다른 친구들과 달리 공부를 열심히 하지 않고 놀았다는 걸 너무 잘 알고 있어서 3학년으로 올라가던 겨울 방학 때 기초를 공부하려 하기도 했다. 하루는 공부를 하나도 하지 않았던 내가 10시간이 넘는 시간을 공부에 투자한 적도 있었다. 여름 방학 때는 스터디 카페를 끊어 아침부터 다니기도 했다. 그때 스터디 카페가 왕복으로 1시간 정도 걸리는 거리에 있었다. 점심도 방울토마토나 바나나, 고구마로 대체하며 열심히 공부하려 했었다. 하지만 이것도 며칠이 고작이었다.

나는 현재보다 더 나은 삶을 살기 위한 나의 이런 과정을 무시하는 행동을 너무도 쉽게 행했다. 수능을 치르기 전의 마지막 계절인 가을, 나는 아빠께 수능을 보지 못하겠다고, 일 년 더 하겠다는 말씀을 드렸다. 큰 꿈을 가지고 있지는 않았다. 확고한 목표를 지니지 않았다. 굳건한 다짐이 있던 것도 아니었다. 내가 아빠께 그렇게 말씀드렸던 이유는 고작 대학을 갈 자신이 없어서였기 때문이었다.

초등학교 6년, 중학교 3년, 고등학교 3년. 모두 합해 12년. 나는 12년이라는 시간을 학교에 다니면서 참 많이 불안해했다. 학교에서 쉽게 만남을 접하는 선생님과 친구들은 내게 관계 맺기가 너무 힘든 범주에 있는 사람들이었다.

어릴 적 나는 보고 자라온 환경들이 있다. 가정환경에서 있던 불화에 대해 느껴온 감정을 다른 누군가가 알기를 바라지 않았다. 전화로 조여오는 것들도 드러내지 않기 위해 필사적으로 참았다. 나는 매 순간 울고 싶었지만, 학교에는 너무 많은 사람이 있어 울 수도 없었다. 눈에 고이는 눈물을 나는 꾹꾹 눌러 참았다.

가정환경을 넘어 내가 처음으로 봤던 바깥의 환경도 너무 처참했다. 학교에 들어가기 전에 나는 학원에 다녔다. 그 학원 속의 사람들은 사람들의 외적인 모습으로 사람을 나눴다. 그리고 내성적인 사람에게 함부로 대했다. 그 사람이 보고 있음에도 불구하고 앞에서 쉽게 그 사람을 깎아내렸다.

학원을 넘어 학교를 처음 알게 되었을 때, 나는 깨달았다.

'내가 저런 취급을 받지 않으려면 맞추며 살아가야겠구나.'
'내가 저렇게 되지 않으려면 모든 걸 숨기고 참아야겠구나.'

처음 학교라는 공간은 그랬다. 지금은 없는 상황일 테지만, '돈'이라는 수단 때문에 아무것도 모르는, 고작 초등학교 저학년에 불과한 학생을 차별하는 선생이 있는 공간, 학교에서 학생들이 다 보고 있을 때 죄의식

없이 학생을 아무렇지 않게 폭행하던 선생이 있는 공간, 다수의 학생이 한 학생을 헐뜯고 투명 인간 취급하던 그때에도 모른 척하는 선생이 있는 공간이었다.

두 번째 학교라는 공간은 위에서 언급했던 다수의 학생이 한 학생을 투명 인간 취급하고 때론 조롱하는 곳이었다. 그리고 이건 학교 안의 공간에서만 적용되던 것이 아니었다. 학교 바깥에서 마주쳤을 때도 자신들의 재미를 위해 질 떨어지는 말도 스스럼없이 내뱉었다.

내가 가장 사랑하는 사람 중의 한 사람이다. 12년 동안 위의 일들을 빠짐없이 겪었던 사람이. 내가 초등학교 들어가기 전, 중학교와 고등학교를 들어가기 전에 봤던 모습들이었다. 처음으로 알게 된 곳의 모습이 너무 끔찍했다. 내가 사랑하는 사람은 나와 어릴 적 길에서 노래를 불러도 부끄러움이 없었다. 오히려 고개를 더 빳빳하게 들며 재미있어했다. 즐길 줄 알았던 사람이었다. 그런 사람이 하루하루 살아갈수록 고개를 드는 방법을, 밖으로 나오는 방법을 잊어버린 듯했다.

어리석은 나는 이러한 상황들 속에서 그 사람을 위하고 달래주는 방법을 먼저 깨닫는 게 우선이 아니었다. 저 상황 속의 당사자가 내가 아니기를 바랐고 그럴 수 있는 방법을 터득하는 게 먼저였다. 학교에서 피가 나 조퇴를 했던 그 사람을 보던 순간에도, 그 사람을 걱정하던 와중에도 나에게는 이러한 상황이 오지 않기를 간절히 바랐었다.

내가 터득했던 방법은 나의 모든 행동을 다른 사람들에게 맞추는 것이었다. 아무리 내가 맞추려고 노력한다 한들 그건 누구에게나 맞춰질 수 있는 게 아니라는 점을 나는 12년, 그리고 더 지나 5년이 넘는 시간 동안 스스로 깨닫지 못했다.

학창 시절 12년을 그렇게 다른 이들의 눈치를 보며 맞추려고 노력했다. 내 감정의 변화를 밖으로 드러내지 않으려고 악착같이 버텼다. 학교 수업이 끝나고 집에 오면 혼자 울던 날이 너무 많았다. 감정 소모가 너무 컸다.

고등학교에 올라갔을 때는 진짜 다 끝내고 싶었다. 자퇴하고 싶었다. 집에 틀어박혀 있고 싶었다. 사람을 만나고 싶지 않았다. 집 안에서 겪는 것들도 모두 밖에서 숨길 필요 없이 안에만 있고 싶었다. 밖에서만큼은 아무 일도 겪을 필요가 없이 나가고 싶지 않았다.

내가 맞추려고 그렇게 노력했음에도 불구하고 나는 사람들에게 상처를 받았다. 게다가 나는 나에게 상처를 주었다. 더는 이런 모든 것들을 겪고 싶지 않았다. 삶은 관계의 연속이라는 게 나를 지치게 했다. 대학교에 가면 12년의 학창 시절과 다를 거 없이 사람을 똑같이 상대해야 할 것이라는 생각이 들어 부담감이 컸다. 그리고 나는 좋은 학교에 갈 자신도, 대학교에 가서 공부를 열심히 할 자신도 없었다. 그래서 내가 선택한 것이 대학교를 포기하는 것이었다.

대학교를 포기한다고 해서 내게 다른 방도가 있던 건 아니었다. 그냥 삶을 포기하고 싶었을 뿐이었다. 부모님께 어떻게 말씀드려야 할지를 몰라서 머릿속으로 계산기를 두드렸다. 아빠께는 재수한다는 말로, 엄마께는 내가 이루고 싶던 꿈을 위해서라는 말로 포장을 겹겹이 했다.

사실 나는 재수를 하고 싶던 마음도, 엄마께 말씀드렸던 꿈을 이룰 거라는 생각도 없었다. 재수를 해봤자지 하는 생각과 더불어 엄마께 말씀드렸던 나의 꿈은 내가 이루지 못할 거라는 마음만 가지고 있었을 뿐이었다.

죽음에 대해 꿈을 꾼 적이 많았다. 어떻게 죽을지에 관한 구상도 해본 적이 있었다. 남들이 다 아는 방법들로. 나는 죽을 용기가 없었다. 어릴 적부터 생각하던 '죽음'이라는 존재는 내게 너무 거대했고 무서웠다. 포기를 일삼았다. 언젠가는 그럴 용기가 생길지도 모른다는 생각으로.

나는 집 안에 틀어박혀 있으면 언젠가는 사람에 대한 나의 마음이 괜찮아질지도 모른다는 안일한 생각으로 대학에 가는 기한을 끝도 없이 미루기로 마음을 먹었다.

사실 대학 진학을 미룬 것이 아니라 새로운 사회로 나아가는 걸 미룬 것이었다. 도저히 괜찮아지지 않는다면 그때는 죽을 용기가 생길 것이라는 근본 없는 믿음을 가지기도 했다. 이런 안일한 생각과 근본 없는 믿음으로 일 년, 이 년을 넘어 꽤 오랜 시간 가족들에게 말도 안 되는 핑계와 함께 징징거리는 울음으로 새로운 삶으로 향한 도약을 끝없이 미루었다. 스스로 자신을 무너뜨렸다.

05

꿈을 꾸는 일이
더 두렵다

학기 초가 되면 학교에서는 장래희망을 쓰라며 종이를 준다. 그곳에는 내가 바라는 장래 희망과 부모님께서 바라는 장래 희망을 적는 칸이 있다. 꿈이 있는 학생들은 단번에 적어 내려간다.

반면에 꿈이 없는 학생들은 선생님께 제출하기 전까지도 고민하곤 한다. 간혹 '없음'이라고 적게 된다면 '아무거나'라도 적으라는 말을 들을 때도 있다. 꿈이 없는 게 잘못된 일이 아님에도 우리는 어릴 적부터 꿈을 가지고 있는 게 옳다는 삶을 배워오고 있다.

어릴 적에 내가 볼 수 있던 세상 전부는 만화였다. 만화 속 주인공들은 항상 꿈을 가지고 있다. 특정 직업에 대한 꿈이 아니라도 자신이 앞으로 어떤 지점에 도달해야 할지에 대한 목표를 가진다. 그리고 주인공들은 포기 없이 그곳까지 고군분투하며 달린다. 주저할 때도 있지만 주인공들은 일어난다. 자신들의 조력자를 만나 다시 달려간다. 조력자가 아니더라도 함께하는 동료를 만나게 된다. 그렇게 달려간 주인공들은 결국 모두와 함께 꿈을 이룬다. 그리고 한없이 기뻐하며 행복한 삶을 즐긴다.

만화를 보며 나도 꿈을 가졌다. 나도 꿈이 있던 적이 있었다. 하고 싶은 일이 너무 많았다. 그 많은 일 중에서 하나를 택하는 행복한 고민을 한 적도 있었다. 자주 내가 어떤 직업을 가졌을 때를 상상하곤 했다. 그리고 주인공들과 마찬가지로 주저앉을 때도 있지만 일어났고 새로운 누군가를 만나 결국 꿈을 이루는 상상을 했다.

초등학생이 되고 학년이 차면서 고학년이 되었다. 그때도 만화를 봤었다. 그러나 나의 태도가 달라졌다. '만화는 만화일 뿐, 그건 현실이 될 수 없다.'라는 생각이 내 머릿속을 가득 메웠다.

〈달빛천사〉, 〈피치피치핏치〉라는 만화를 나는 가장 좋아했다. 둘의 공통점은 주인공들이 '노래'를 부른다는 점이었다. 노래를 부르는 만화 주인공들의 모습은 굉장히 들떠 있었다. 즐거워 보였다. 자신들이 부르는 노래로 다른 사람들에게 감동을 주기도 하고 도움이 되기도 했다. 그런

점이 너무 멋있어서 어릴 적 막연하게 나도 노래를 부르는 사람이 되고 싶다는 꿈을 가진 적이 있었다.

그러나 이것은 나에게는 도달하기 어려운 꿈이었다. 어릴 적부터 난 음치, 박치 모두를 가지고 있었다. 그래서 어릴 적 아빠에게 "네가? 너는 절대 못 해."라는 말을 들은 적이 있다. 그리고 당시 현장 체험 학습을 하러 갔을 때, 잠깐 반끼리 기다리던 중에 친구들에게 말한 적도 있었다. 그때 다수의 반응이 "엥? 네가?", "넌 못 할 텐데.", "네가 무슨 수로."라는 말들이 오가는, '너는 절대 하지 못한다.'였다.

처음에는 '나도 할 수 있다.'라는 마음가짐이었다. 하지만 나는 마음이 단단하지 못했다. 이런 말들을 반복해서 듣다 보면 의욕이 떨어진다. 정말 내가 할 수 없을 것이라는 생각이 더 들게 되었다. 그리고 나는 결국 그들의 말처럼 될 거라는 결론이 나를 채웠다. '노래를 부르는 사람'이 되고 싶다던 나의 꿈을 부끄러워했다. 그리고 점차 나의 꿈을 지웠다.

중학생, 고등학생이 되어서도 장래 희망 쓰기는 달라진 것이 없었다. 초등학생 때와 달랐던 것은 교실 뒤에 있는 게시판에 붙여두지 않는다는 점이었다. 지운 나의 꿈을 다시 꺼내 그곳에 적을 수가 없었다. 한참을 고민했다. 초등학생 때 꾸던 꿈을 적으려다 남들이 내게 자꾸 '너는 못 해.'라고 말을 하는 상상이 돼 망설였다. 자꾸만 못 한다는 말들이 떠올랐다. 그 말들은 결국 내가 나에게 전하는 말이 되었다. 난 적었다가 지운 흔적이 남은 종이를 학교에 가져갔다. 제출하기 직전, 학생들이 무난하게 많이들 적었던 '선생님'을 나도 적었다.

만화만을 보던 시기를 지나 드라마를 보기 시작했다. 만화를 보던 때와 마찬가지로 드라마를 보며 상상을 했다. 가끔은 드라마에 나오는 주인공의 직업이 되기 위해 어떤 걸 준비해야 하는지 찾아봤다. 그리고 구체적이진 않았지만, 계획을 세운 적도 있었다.

〈라이어 게임〉이라는 드라마를 보고 심리학을 배우고 싶다는 생각이 들었다. 후에 드라마 〈시그널〉을 보고서 '프로파일러'가 되고 싶었다. 그래서 난 처음으로 이때 대학을 알아봤다. 대학을 가고 싶었던 생각이 없었던 내가 '심리학과'를 가고 싶다는 마음을 먹었다. 그러나 그 마음은 잠시였다. 곧 나의 이러한 마음은 온데간데없이 사라졌다.

머릿속에서 하지 못할 거라는 말들이 자꾸 맴돌았다. 늘 그랬듯이 결국 중간에 포기할 거라는 생각들이 채워지기 시작했다. 초등학생 때와 마찬가지로 중학생, 고등학생 때 지나가는 말이었겠지만 누군가가 내게 말하는 "네가?"라는 말들이 바로 옆에서 속삭이듯 귀에 콕콕 박혔다.

나는 내가 할 수 있다는 상상을 하지 못했다. 내가 이루어 내는 모습을 보지 못했다. 사람들의 모습들이 그려졌다. 내게 손가락질하고 비난하며 비웃는 사람들의 모습이 자꾸 그려졌다. 그게 이루어질 것만 같았다. 결국, 나는 그들의 말이 내 현실에 나타날지도 모른다는 느낌을 이기지 못했다.

'애초에 못 할 일인데 시작을 하지 말자.'

뒷걸음질 치는 게 익숙했기에 다시 뒤로 빠지는 건 너무 쉬웠다. 다시 원점으로 돌아갔다. 아니, 원점보다 더 뒤로 가버렸다. 출발선이 어느 순간부터 공포로 다가왔다.

이런 버릇들이 수없이 반복된 결과, 나는 내가 바로 눈앞에 해야 하는 일정, 그리고 목표 등도 잡지 못했다. 머릿속으로 수없이 계산기를 두드렸다. '내가 과연 이걸 해낼 수 있을까?', '성공할 수 있을까?', '완벽하게?' 이런 질문을 나 자신에게 끊임없이 했다. 그럼 자연스럽게 나는 대답했다. '아니.', '내가 어떻게 이걸 그 시간 안에 다 해?', '못 해.'

나를 믿지 못하는 답들은 자신들이 옳았다는 걸 증명했다. 그 말들처럼 나는 내가 해내지 못할 행동을 하고 있었다. 그리고 그런 상황들을 경험했다.

'시간 안에 해내지 못할 테니 그냥 지금 여기서 포기하자.'
'끝으로 가는 과정 안에서 내가 웃으며 즐기지 못할 테니 그냥 발도 들

이지 말자.'

'끝에서 성공할지 말지를 모르니까 그냥 쳐다도 보지 말자.'

다 포기하는 경험을, 원하는 건 근처에도 가지 않으려고 하는 경험을
했다.

친구들에게 말을 한 적도 있었다. "내 꿈은 '노래를 부르는 사람'이야.",
"나는 심리학을 배우고 싶어." 이렇게 누군가에게 목표를 말하는 것은 선
언한 것과 다름없었다. 하지만 선언과도 같은 말을 내뱉는 것과는 달리
안에서는 스스로 자신을 부정했다. 어차피 못 할 거라며.

고등학생의 끝자락에서 내 말을 들은 친구는 어릴 적의 내가 받았고
두려워했던 그 어떤 비웃음도 주지 않았다. 오히려 할 수 있다며 말을 건
네주었다. 그런데 내가 부정했다. 해내지 못할 거라고, 결국 너는 포기할
거라고. 내가 나에게 말했다.

꽤 오래 남에게 받은 상처로 인해 앞으로 나아갈 수 없다고 생각했다.
그런데 돌이켜보니 그게 아니었다. 그 말들을 되뇌며, 스스로 나의 의식
에 새겨넣었다. 그리고 내가 나에게 '너는 못 해. 그러니 꿈도 꾸지 마.'라
고 말했다. 결국, 나아가는 걸 상상도 하지 못하게 만든 존재가 나였다.
하지 못할 거라는 말을 되풀이하며 꿈을 꾸며 살아가는 게 버거운 일임

을 알게 한 존재가 나였다.

 이 사실을 스스로 깨달았을 땐, 성인이 되고 한참이 지난 후였다. 혼자 한참을 틀어박혀 있던 공간 속에서 깨달았다. 주위를 둘러보았다. 내가 만든 이 상황을 내가 책임져야 했다. 그런데 그 '책임'이라는 말이 무서웠다. 또 외면하고 싶었다. 내가 책임을 지고 살아가야 하는 과정들이 상상도 되지 않았다. 책임을 지고 난 끝에 있는 내 모습이 보이지도 않았다. 그렇게 나는 두려웠던 꿈을 꾸는 일에서, 꿈을 꾸지 못하는 사람이 되어 버려 있었다.

06

나만
이상한 걸까?

어릴 적 가끔 거울을 볼 때면 다른 사람들과 달라 보인다는 생각을 하곤 했다. 밑으로 축 처진 팔자 눈썹 때문인지, 눈썹을 따라 밑을 향하는 입꼬리 때문인지는 모르겠다. 어릴 적의 나는 축 처진 꼬리들을 따라 처진 기분을 느끼고 있다는 것을 깨닫고 있었던 걸까.

나는 겉과 속이 다른 사람이다. 항상 의문이었다. 다른 사람들도 나와 같을까? 나만 이런 건 아닐까? 겉으로는 웃으며 말도 나누고 있었다. 하지만 속에서는 백 번이고 천 번이고 혼자 있는 공간에서 울고 싶다고 외치고 있었다.

학창 시절, 교실을 둘러보고 있으면 웃고 있는 친구들이 많았다. 저들처럼 웃어야 할 것만 같았다. 감정들이 갈피를 못 잡고 허우적거리고 있었지만 웃어야 할 거 같았다. 그래서 몇 번이고 웃었다. 그러면 다른 친구들처럼 웃고 있을 줄 알았다. 그런데 실상은 그러지 못했다. 울고 싶다고 외치는 속마음을 차마 외면하지 못했다. 외면하려 들기에 고작 쉬는 시간 10분은 너무 짧은 시간이었다. 수업이 시작되면 잠깐 스칠 뻔했던 생각들이 스멀스멀 올라온다. 올라오는 생각들은 마치 내게 말을 하는 듯했다.

'네가 무시한다고 해서 내가 사라질 거 같아? 절대 아니지.
너는 우리와 평생 이렇게 가게 될 거야.'

생각들이 꼬리에 꼬리를 물고 늘어질 때면 수업 시간이 끝난다. 그러면 나는 재빠르게 화장실로 간다. 홀로 짧은 시간 훌쩍인다. 금방 그치려고 노력한다. 이 과정을 반복하고 했다.

아주 가끔 견디기 더 어려워질 때면 수업 도중에 화장실에 갔다. 토를 하려 쭈그려 앉았지만 나오지 않는다. 머리가 빙글빙글 돈다. 초등학교 4학년 때, 중학교 2학년 때, 난 아무도 오지 않는 화장실에서 도저히 일어날 힘이 없어 누워버린 적도 있다. 멈춘 몸의 흐름이 다시 흐르기를 바라며 누워 있을 때면 무너져내린 사람 같았다. 나 자신의 위치가 이 바닥과 한 몸이라는 것을 깨달은 사람인 양.

'나만 이런 걸까? 나와 같은 사람이 있을까? 있겠지? 없을까? 나는 왜 이러지, 나는 도대체 왜 이러는 걸까?'

나에게 수없이 질문했다. 집에서, 버스 안에서, 자기 직전 밤에. 온종일 답을 찾고 싶어 계속 질문했다. 답은 나오지 않았다. 질문하면 할수록 숨을 쉬는 게 버겁다고 느껴졌다.

명확한 꿈이 없더라도 사람들은 자신들이 뭘 해야 할지를 알고 있는 듯 행동한다. 고등학교를 졸업하고 학생들의 다수는 대학교에 가거나 취업을 한다. 또 다른 몇몇 학생들은 자신들의 꿈을 위해 재도전을 하거나 새로운 도전을 한다. 좌절도 겪고 실패도 맛보고 성공의 기쁨도 누린 학생들은 도약을 위한 계획을 세운다. 그리고 실행한다. 작심삼일로 끝이 나더라도 다시 계획을 세우고 시도를 한다.

나는 그런 학생이 되지 못했다. 인문계 고교에 다녔던 나는 친구들이 대학을 향해 가는 모습을 지켜봤다. 친구들이 하니까 나도 그렇게 해야만 하는 듯한 느낌이 들었다. 잠깐 대학을 찾아보기도 했었다. 그러나 나는 내가 대학교에 못 갈 거라는 생각에 뒤로 물러났다. 가서 공부를 따라 잡는 게 버겁다는 생각에 시도조차 하지 않으려 했다. 무엇보다도 새로운 사람들과 인연을 맺어야 한다는 게 무서웠다. 그래서 가지 못했다. 아니, 가지 않았다.

그렇게 나는 스무 살이 되고 졸업을 한 시점부터 집에서만 생활하는 사람이 되었다. 사람들과 소통을 주고받지 않는 꿈, 유일하게 학창 시절 마지막까지 꾸던 꿈이었다. 이것도 결국 지키지 못했다. 누군가에게 빚을 졌다는 느낌이 들어 모두를 끊어내지 못했다. 내가 받은 만큼은 다 돌려줘야 할 거 같았다. 그렇게 나는 극소수의 친구들과 연락을 가끔 이어 갔다.

일 년에 친구들을 한두 번 정도 봤다. 365일 중 친구를 만나러 나가는 날은 10일도 되지 않았다. 그런데도 나는 친구들을 만나는 10일이 정말 힘겨웠다. 친구를 만나고 집으로 돌아오는 버스 안에서는 꼭 울었다. 집에 돌아와서도 감정을 달랠 방법이 없어 옷도 벗지 않은 채 울었다. 왜 그러는지 알 수가 없었다.

친구를 만나기 며칠 전부터 잔뜩 굳어 긴장한 채로 있는 나를 달랜다. 버스 안에서도 창밖의 풍경을 보며 자꾸 괜찮다고 중얼거린다. 친구를 만나면 얼굴은 웃어야 했다. 나는 어떻게 행동을 해야 할지 몰라 우왕좌왕했다. 친구가 했던 말은 하나도 기억이 나지 않는다. 친구들과 만나는 동안 겉과 속이 너무 다른 내 얼굴을 마주 대하고 싶지 않아 사진을 찍지도 않았다. 밖에서 거울도 거의 보지 않았다.

학창 시절에는 일어나면 학교에 간다. 학교에 가면 선생님께서 숙제를 내주신다. 그럼 그게 나의 할 일이다. 일정을 스스로 짜본 적이 없었다. 그 습관이 그대로 이어졌다. 습관은 그대로이지만 상황이 달라졌다는 걸 인지하지 못했다. 숙제가 주어질 일이 없었다. 검사를 하는 사람도 없어졌다. 나는 누군가가 내게 과제를 안겨줄 때까지 기다렸다.

20대 초반에 이렇게 살면 안 된다는 생각을 한 적이 있었다. 그래서 나도 계획이란 걸 짰다. 오전에 몇 시에 일어나야 하는지, 일어나면 제일 먼저 할 게 뭔지, 어떤 공부를 할 건지, 어떻게 공부를 한 건지에 대해. 그러나 실천하지 못했다. 처음 짜보는 계획은 서툴렀다. 한 번에 많은 걸 일구는 사람들이 많아 나도 그러고 싶다는 생각에 마구잡이로 집어넣었다. 시간은 정해져 있었고 할 일은 많은 계획표를 행동으로 처음 실천하는 나는 당연히 하지 못했다.

반성하고 다시 생각하면 됐었다. 내가 실천을 포기한 이유를 찾아보고 수정하면 되는 거였다. 생각이 짧았던 나는, 내가 짜놓은 문제를 발견하지 못했다. 왜 고작 이런 것도 못 하는 거냐며 나를 질타했다. 그리고 스스로 자신에게 또 말했다.

"그래, 나는 이것도 못 하는 사람이지. 나한테 기대한 내가 바보다."

"나는 어차피 안 될 사람인데 뭐."

다른 사람들 모두가 자신이 정한 인생의 목표를 향해 굳건히 걸어가는 듯해 보였다. 나는 '뒷걸음질'의 연속인 사람인데, 다른 사람들은 '앞걸음 질'을 한다.

'어떻게 앞만 보고 걸을 수 있지? 앞으로 걸어갈 길에 대한 확신이 뚜렷한 건가?'

앞으로 내딛는 걸음이 불안하지만 땅을 딛고 선다. 후덜거리는 다리를 잡고 앞으로 걷는다. 앞에 있는 삶이 완전하게 존재하는 걸 본 후에 걷는 게 아니었다. 두렵고 불안하지만, 그 감정들과 같이 가는 거다. 나는 알지 못했다. 그저 앞만 보고 가는 사람들을 부러워했다. 나는 당연히 하지 못할 거라고만 생각을 하고서 말이다.

세상은 무대였다. 나는 세상 속의 참여자가 아니었다. 나는 세상을 비관적으로 바라보는 하나의 관중이었다. 모두가 무대 속으로 뛰어든다. 모두가 스스로 참여자가 된다. 짜여 있는 거라고는 자신들이 정해놓은 목표뿐이다. 빈 관중석에서 혼자 앉아 세상을 바라본다. 고군분투하는 사람을 본다. 쉽게 성공하는 사람을 본다. 어려웠지만 끝내 이기는 사람을 본다. 웃는 사람들을 본다.

　나는 울어버린다. 고군분투하는 사람을 보며 내가 고군분투하는 걸 상상한다. 쉽게 성공이라는 건 내게는 없다고 치부한다. 어려워서 결국 나는 진다고 생각한다. 그렇게 나는 세상이라는 무대를 공포로 바라본다. 그 공포감에 짓눌리는 나를 느낀다. 곁에 아무도 남지 않은 관중석을 둘러본다. 다시 모두가 뛰어든 무대를 본다.

　내가 이상한 걸까? 저 사람들이 이상한 걸까?

07

나만 이토록
불행한가?

길을 걸어가다가 주변을 한 번 둘러보게 될 때면 나를 제외한 세상 사람 모두가 행복해 보이는 듯한 느낌을 받는 경우가 있다. 나에게는 웃을 힘조차 남아 있지 않은데, 다들 뭐가 그리 즐거워 큰 소리로 웃음을 터트리는지 궁금한 적이 종종 있었다. 다른 이들에게 가야 할 부정적인 일들이 경로를 이탈해 내게 온 건 아닌가, 하는 못난 마음을 가진 적도 있었다. 왜 나만 이런 감정을 느껴야 하는 건지 세상에 불만을 가진 적도 있었다. 자꾸만 이런 생각을 하면 할수록 상황은 나아지지 않았다. 이보다 더하면 더했지, 덜하지는 않았다.

어릴 적의 나는 가정의 화목함을 바랐다. 가족 구성원 모두가 웃기를 바랐다. 서로 배려하고 이해하며 한 발 한 발 앞으로 나아가기를 원했다. 하지만 세상은 모든 건 '이루어질 수 없는 소망'이라며 알려주었다.

기억도 하지 못하는 아기였던 시절을 지나 어린이집을 들어가고 내가 지난 일을 회상할 수 있게 되었을 때부터 마음속은 온통 불안함으로 가득 찼다. 어릴 적을 돌이켜보면 집 안에서 늘 "하지 마. 제발 그러지 마."라며 중얼거리며 울고 있는 나의 모습만이 떠오른다. 발을 동동 구르며 닫힌 방문 앞에서 차마 큰 소리를 낼 수는 없어 아주 작은 소리로 울먹였다. 들릴 리가 없는 그 말을 얼마나 중얼거렸는지 모른다. 가끔은 우리가 모두 자는 줄 알고 싸우시는 날이 있으면 이불을 꼭 쥔 채로 울음을 참으며 속으로만 중얼거렸다.

알고 있었다. 이 시간도 결국 지나갈 거라는 것을 알고 있었다. 엄마가 사과를 꼭 해야만, 아빠가 스스로 화가 풀리셔야만 이 시간이 지나간다는 걸 알고 있었다. 하지만 시간이 지나가기까지 기다리는 게 너무 힘이 들었다. 과연 지나가기는 하는 건지 늘 의구심이 들었다. 얼마나 지나야 이 기간이 끝이 나는지 계산을 내려보기도 했다. 하지만 알 수 없었다. 그래서 나는 그저 매일 바랄 수밖에 없었다. 내일이 왔을 때, 아무도 내 곁을 떠나가지 않기를.

오랜만에 부모님 두 분 다 계신 날이었다. 마트를 가려고 차에 탔다.

엄마와 아빠, 두 분과 함께 외출할 수 있다는 게 정말 기뻤던 날이었다. 이제 막 출발하려고 차에 탔었다. 그런데 차는 출발하지 못했다.

운전석과 조수석에 앉으신 부모님의 입씨름이 시작되었다. 당시 싸움의 주제도 '돈'이었다. 아빠는 화를 냈고 엄마는 눈치를 봤다. 이혼하자는 소리와 함께 내리라는 낮게 깔린 목소리가 들렸다. 나는 몸을 움직일 수 없었다. 하지만 계속 그렇게 가만히 있을 수도 없는 노릇이었다. 여기서 조금만 더 망부석처럼 앉아 있으면 가장 무서워하는 목소리를 들어야 할 거 같았다. 가장 보기 싫은 장면을 봐야 할 거 같았다. 결국, 나는 일어났고 집으로 들어왔다.

'이혼'이라는 단어가 귀에 콕 박혀 나가지를 않았다. 그 당시 우리 집에는 정말 이혼서류가 있었다. 두 분의 사이가 끝이 날까 노심초사했다. 머릿속으로 오만 가지 생각이 들었다.

'한 부모 가정이 되는 건가? 부모님께서 나를 데려가시긴 할까? 아빠를 다시 보지 못하나? 엄마를 다시 보지 못하려나? 어떡하지?'

이혼 이야기가 오고 가고 한 적은 많았다. 하지만 이때는 정말 섬뜩했다. 정말 끝이 날 거 같았다. 며칠이 지나고 도장을 찍으라는 말이 귀에 들리니 불안해 미칠 것만 같았다. 학교에 내지 않은 핸드폰을 바라보며 불안해했다. 어떤 소식이 들려올지 몰라서 너무 무서웠다. 얼굴은 웃고 있었지만, 마음은 너무 초조해 미칠 지경이었다.

아빠가 무서웠던 나는 아빠에게 다가가지 못했다. 마음이 심란해 늘 초조하고 불안해 보이셨던 엄마에게 다가갔다. 그리고 엄마에게 말했다. 아니, 사정했다. 너무 무섭다고 사정했다. 제발 이혼하지 말아달라고 부탁했다. 나는 엄마든, 아빠든 없는 삶이 너무 무서우니까 그러지 말아달라고 부탁했다.

당시 엄마는 언제 터질지 모를 시한폭탄 같은 삶을 살아가는 것에 굉장히 지친 상태였을 것이다. 엄마는 아마 아빠와 정말 끝을 내고 싶었을지도 모른다. 하지만 엄마는 나의 이런 말에 결국 아빠에게 무릎을 꿇었다. 못하겠다고 빌었다.

사실 이 시기를 후회한 적이 많다. 차라리 이때 두 분이 갈라섰더라면 심적으로 모두가 편하지 않았을까 하고 후회했다. 이기적인 자식의 마음 하나 보살피겠다고 이혼을 고사한 부모님의 행동에 죄의식을 가진 적이 수없이 많았다. 인생을 살면서 처음으로 나 자신을 원망하던 순간이었다. 모두의 불행을 내가 끌어온 듯했다.

어느 가정이든 싸울 수는 있다. 그리고 홧김에 '갈라서자!'라고 말을 하는 부부도 있을 것이다. 우리도 그런 가정 중 하나라고 쉽게 넘어가고 싶었다. 하지만 우리는 그러지 못했다. 정말 불안한 삶이었다. 언제 한 건

이 터트려질지 몰랐다. 조용한 이 순간이 끝나는 지점이 어디인지 예측을 하고 미리 준비해야만 했다. 그러나 사람의 마음이라는 건 언제나 예측할 수가 없었다. 언제, 어디서 터질지 몰랐다. 대부분은 늘 웃고 있을 때, 잇따라 울 일들이 찾아왔다.

차츰 여러 일을 겪으며 머릿속에 남은 생각들은 나를 벼랑 끝으로 몰기에 충분했다.

'세상에 태어날 가치도 없는 애.'
'쓰레기는 재활용이라도 되지. 나는 복구 불가능한 인간.'
'모두를 불행으로 이끄는 데 도대체 왜 태어난 거야?'

머릿속을 가득 메우는 나의 이런 생각들이 옳다고 세상은 답을 해주었다. 약 7년간 생일에 꼭 우는 일이 생겼으니 말이다. 나로 인해 불행이 만들어진다는 생각에 알맞게 상황이 만들어졌다. 당사자인 나만 괴로운 게 아닌 결국 상대방도 같이 마음이 상하는 일이었으니까.

처음의 시작은 역시 가족이었다. 내가 가족에게 피해만 주는 존재라는 걸 증명하기라도 하는 것처럼 말이다. 집에 들어와 엄마와의 통화 끝에 아무도 없는 방 안에서 교복 차림으로 침대에 누워 울었던 기억이 생생하다.

그렇게 가족, 친척, 그리고 친구의 순으로 서로 감정이 상하는 일들이 자꾸면 생겼다. 자꾸만 생일에 울 일이 생기니 생일이 다가오는 시즌이면 신경이 예민해졌다. 스스로 자신을 보호하려 한 건지 몰라도 날이 잔뜩 서 있었다. 때로는 나의 이 예민함으로 생일 시즌에 맞춰 안 좋은 일이 일어났다. 좋게 흘려보냈어도 될 상황들에 민감하게 반응을 해 친구들을 곤란하게 만든 적도 있었다.

생일이 오지 않기를 바랐다. 아무도 내 생일을 모르기를 기도했다. 언제부턴가 생일을 드러내지 않는 게 습관이 되어버렸다. 생일이라고 알려주는 알림들을 하나둘씩 꺼놓기 시작했다. 누군가에게 생일 축하한다는 연락이 오면 불편했다. 나는 축하를 받아 마땅한 사람이 아니었으니까.

세상에 불평을 말하면 안된다는 존재라는 걸 스스로 알고 있었으나 억제가 잘 되지 않았다. 왜 내게 이런 상황을 겪게 하는지, 보게 하는지. 너무 불안하고 무서우니 이제는 행복해지고 싶다고 소원하며 밤마다 울기도 했다. 물론 세상은 호락호락하지 않아서 웃을 만한 일을 만들어주지는 않았다.

어른들은 돈으로 인한 이기심, 다른 이의 불행은 상관없이 자신의 이익만 챙기려 하는 모습, 얼마나 소중한 존재였는지 망각하고 스스럼없이 저지르는 불편한 행동들, 자신들의 재미를 위해서라면 누군가를 나락으로 내쫓는 모습들만을 반복해서 보여주기만 했다.

삶은 이런 불운함의 연속이라는 것을 알려주었다. 이런데도 살아가겠냐며, 차라리 삶을 포기하라고 알려주는 듯했다.

왜 나만 이런 상황 속에 살아가는지 이해할 수 없었다. 덜 상처받을 수 있는 쪽이 어떤 건지, 그래도 안전한 상황은 어떤 것인지 계산하며 사는 삶이 불만이었다. 그냥 남들처럼 아무렇지 않게 즐기고 놀고 싶었다. 현실은 녹록하지 않았다. 오늘 하루 울지 않았으면, 다른 날보다 잠이 쉽게 들었으면, 그랬으면 잘 지나간 하루였다.

나도 남들처럼 지극히 평범한 일상을 보내기를 바랐던 게 어릴 적의 소망이었다. 스스로가 불행하다는 생각을 하지 않게 되는 게 오랜 소망이었다.

격하게

아무것도 하기 싫다

2장

01

격하게
아무것도 하기 싫다

손가락 하나 까딱하기 싫다는 감정을 아마 살면서 당신도 느껴본 적이 있을 것이다. 그 상태를 이겨내지 못하고 아무것도 하지 않아 일정을 끝없이 자꾸만 미루게 됐을 때의 감정은 어떠했는지 기억하는가? 아마 다수는 해야 한다는 생각이 들었을 때 하지 않고 미룬 걸 후회하며 뒤늦게 일을 처리했을 거다. 물론 또 다른 다수는 부족한 시간 내에서 할 수 있는 만큼 해냈을 것이며 또 다른 다수는 아예 하지 않았을지 모른다.

나도 아무것도 하고 싶지 않아 일을 끝없이 미룬 적이 많다. 초반에 해야 할 일을 미루게 됐을 때는 조급한 마음을 안고 있었다. 후에 차츰 미루는 게 더 익숙해졌을 때는 일을 해내지 않아도 아무런 감정이 들지 않았다. 해야만 하는 이유가 분명함에도 나는 하지 않을 이유를 찾기 시작했다. 그리고 하지 않았을 때 올 수 있는 가장 이상적인 상황을 생각했다. 이상적인 상황이 아무리 생각해도 없을 때는 안 해도 상관없다며 할 일을 무시했다.

'내가 이걸 왜 해야 해? 안 해. 못 해!'

마음속에서 이런 말이 계속 내게 전해졌다. 처음에는 그래도 꾸역꾸역 일을 해냈다. 나에게 맡겨진 일이고 내가 해야만 하는 일이니까. 하지만 잠깐이었다. 자꾸만 내면에서 전해오는 말을 나는 이길 수 없었다. 아니, 이기는 걸 선택하려 하지 않았다.

해야만 하는 일을 하지 않는 걸 택했을 때는 몰랐다. 미래에 내가 이런 행동들을 크게 후회하게 될 거라는 걸. 하지 않는 삶을 반복적으로 하다 보니 어느샌가 나는 스스로 하지 않는 게 아니라 못하는 사람이 되어버렸다. '안' 하는 게 아닌 '못' 하는 사람.
처음 미룸의 시작은 숙제였다. 다음은 공부, 다음은 꿈, 그리고 다음은 삶. 해야 했다. 찾아야 했다. 살아가야 했다. 하지만 나는 그러지 못했다.

결국, 안 하는 게 아닌 못 하는 사람이 되었다. 이루지 못하는 사람이 되었다. 내가 만들었던 못난 습관이 못난 나를 만들었다.

아무것도 하고 싶지 않다는 생각을 스스로 인식하게 될 수 있었을 때는 이미 부정적인 생각들에 갇혀 있을 때였다.

'이렇게 살다가 어차피 그냥 죽으면 되는데 애써 힘을 내서 뭐 해?'
'아등바등 살려고 달려들어봤자 달라지는 거 없는 현실인데, 해서 뭐해.'

매일 이런 생각들의 반복이다 보니 삶에 대한 의욕은 덩달아 저하되었다. 한동안은 나는 아무것도 할 수 없다는 불안감에 잠을 자지 못했다. 또 한동안은 나의 현실과 소망이 반영되어 다 이루어진 것을 보여준 꿈이 너무 행복해 잠에만 빠져 있었다.
잠을 이루지 못할 때 올라오는 공포감은 누군가 내 위에 추를 올려둔 듯한 느낌이었다. 일어날 수가 없었다. 온몸이 바닥의 시멘트와 함께 굳어져 내가 바닥이 된 듯함을 느꼈다.

감정에 휩싸이고 휘둘려지는 와중에 유일하게 움직일 때가 눈물을 흘릴 때였다. 그때마다 모든 게 내 탓인데 왜 우냐고 스스로 채찍질을 했다. 울지 말라며, 울 자격도 없다며 감정을 토해내는 걸 막으려고 애를 썼다. 하지만 그러면 그럴수록 나는 매일같이 눈물을 멈출 줄 몰랐다. 그리고 더욱 움직이는 방법을 알지 못했다.

종일 누워만 있었다. 밥을 먹고 싶지 않았다. 차려진 밥을 보면 속이 좋지 않았다. 음식을 받아들일 수가 없었다. 잠을 자도 자도 피곤하기만 했다. 이런 나의 상태가 나도 심각하다는 걸 느꼈다. 그래서 가끔은 사람들이 말하는 것처럼 조금씩 움직여 보기도 했다.

청소라도 하면 기분이 맑아진다고 하기에 청소를 해보기도 했다. 밖에 나가 걸어보기도 했다. 혼자 뭐라도 만들어 먹어보려고 음식을 해본 적도 있었다. 책을 읽으면 괜찮다기에 책을 읽기도 했다. 효과가 아예 없던 것은 아니었다. 행동을 취했을 당시에는 기분이 좋았다. 하지만 그 효과는 오래가지 못했다. 짧게는 30분, 길면 2시간 정도가 최대치였다.

다른 사람들은 그렇게 시작한다기에 나도 그렇게 시작할 수 있었다. 살아갈 필요 없을 거라는 생각을, 살아봤자 어차피 되지도 않을 인생인데 아무것도 안 하면 되는 거라고 여겼던 생각을 바꿀 수 있을 줄 알았다. 꾸준히 하기 위해 표를 만들어 표시한 적도 있었지만 미루는 습관은 어디 가지 않았다. 작심삼일. 그게 나의 최대치였다. 그것이 나의 한계였다.

인터넷을 하다 보면 다들 하나같이 말을 하는 게 있다.

'변화를 원한다면 독하게 마음을 먹어야 한다.'

아무것도 하지 못하겠고 당장 지쳐 있는 상태에서 독한 마음을 먹고 해나갈 힘이 없었다. '어떻게?'라는 의문이 가득했다. 사실은 독한 마음이 무엇인지조차 몰랐다. 고등학생 때 시험을 위해 며칠을 카페인 음료를 마시며 밤을 새워 책을 달달 외우던 같은 반 친구가 있었다. 그 정도의 독함을 내가 당장 가져야 하는 걸까? 어떻게 해야 이루어지는지 확실한 가이드가 없었다. 나는 그때의 반 친구처럼 당장 해낼 수 있는 사람이되지 못했다. 스스로 움직일 힘이 없는 상태에서는 무리였다.

자꾸 보다 보면 할 수 있지 않을까 싶은 마음에 핸드폰 배경화면으로도 해뒀다. 포스트잇에 인쇄해서 자주 볼 수 있게 벽에 붙여두기도 했다. 하지만 그뿐이었다. 본다고 해서 달라지는 건 없었다. 그 문구를 자꾸 보면 볼수록 스스로 옭아매야만 할 것 같았다. 그렇게 스스로 자기 자신을 옥죄면서 해나가는 게 맞는 방식인지도 감이 잡히지 않았다.

그래도 스스로 자기 자신에게 압박을 주고 결국 해낸 사람이 많으니나도 그럴 수 있을 거라고 생각을 하며 하기도 했다. 하지만 결국 해내지못하는 날이 많았다. 그렇게 자꾸 해내지 못한 나에게 집중을 하게 됐다. 그리고 결국 다시 아무것도 하고 싶지 않게 됐다.

쉽게 포기하고 삶을 이어나갈 의욕도 지니지 않은 채로 자책감에 시달리고 있을 때, 종일 잠도 자지 않은 채 무릎 꿇고 빈 적이 있었다. 그냥 정말 죄송하다고 한 번만 도와달라고 빌었다. 밖으로 나갈 용기도 나지 않아 방에 처박혀 있는 한 달 동안 무릎을 꿇고 빌었다. 부모님 얼굴을 뵙는 게 너무 죄스러워서 빌었다.

이렇게 살아온 것이 다 나의 탓이라는 걸 안다고, 정말 죄송하지만 한 번만 새롭게 살아갈 수 있는 기회를 달라고 빌었다. 한 달 동안 밥을 제대로 먹지도 않은 채, 잠도 제대로 자지 못한 채로 빌기 시작했을 때, 조금의 변화를 볼 수 있었다.

예능 프로그램, 드라마, 먹방을 보기 위해 활용했던 유튜브에서 '주파수 음악'을 보게 됐다. 주파수 음악을 듣는 걸 시작으로 후에 명상까지 하게 됐다. 그렇게 명상에서 우주를 한 번 보게 된 후로 이런저런 명상 영상들을 찾아보기 시작했다.

나와 맞는 유튜버를 찾아 처음으로 구독을 하기 시작했다. 매일 명상을 시작하기 시작하니 변화가 생겼다. 거울을 마주할 때면 보기 싫다고 느꼈던 나 자신에게 "안녕."이라며 인사를 건네기 시작했다. 그리고 긍정적인 확언 몇 마디를 할 때면 거울을 보고 스스로 나 자신에게 말을 할 수 있게 됐다.

참 신기하게도 큰 변화가 없었지만, 왠지 모르게 방 밖을 나설 수 있는 용기가 생겼다. 그렇게 밖으로 나와서 작은 일부터 시작했다. 밥을 먹는 것, 설거지하는 것, 더러웠던 방을 청소하는 것, 화장실을 청소하는 것. 전에도 같은 행동을 했었다. 그때는 작심삼일로 끝이 났다. 하지만 이때의 변화는 생각보다 컸다. 일주일, 한 달을 지속할 수 있었다.

그리고 밖으로 나와 걷기를 시작했을 때에도 작심삼일로 끝을 내면 어떡하나 하고 고민했던 마음은 애초에 존재하지 않았던 것처럼 석 달 이상을 지속할 수 있었다. 걷는 걸 넘어서서 마음만 먹고 있던 등산도 했다. 그리고 일주일에 한 번, 두 번 정도 '갓바위'에 운동 삼아 꾸준히 올라갔다.

조금만 방법을 바꾸면 됐었다. 스스로가 불안하다는 걸 알고 다독여 준 후에 움직이면 됐었다. 하지 못한 것에 집중하는 게 아니라 작심삼일을 했더라도 내가 해낸 것에 집중하면 되는 거였다. 그러면 아무것도 하고 싶지 않던 마음이 작은 행동이라도 시도를 해보고 싶어 한다. 그럼 그때 움직이면 되는 것이었다.

당신이 만약 나와 같이 불안장애, 우울증, 무기력을 겪고 있다면 스스로 자신에게 먼저 말을 거는 것을 시작해보기를 권한다. 단, 이때 주의할 점은 결코 부정적인 말을 뱉어서는 안 된다는 것이다. 그렇다고 굳이 긍정적인 말을 할 필요도 없다. 나도 초반에는 그저 "안녕"이라는 인사말을 전했을 뿐이었다. 나는 요즘에도 오전에 일어나 거울을 볼 때면 "안녕, 나야!"라고 먼저 인사를 권한다. 그리고 "파이팅!"이라는 말도 덧붙이며 거울 속의 나와 손뼉을 맞부딪친다.

　나 자신에게 말을 걸고 난 후에 바로 변화를 바라지 말아야 한다. 아무것도 하지 않은 나의 일상은 십 년이 넘었다. 그런 십 년의 세월을 무시하고 바로 무언가를 해야겠다는 의욕이 쉽게 들지는 않을 것이다. 나는 한 달 반 이상이 걸렸다. 그냥 꾸준히 나 자신에게 말을 걸어준다면 나의 마음은 변화하고 싶은 나를 알아줄 것이다. 그리고 이끌어줄 것이다.

나는 왜 이렇게
의지력이 약할까?

'의지'란 무엇일까? 의지의 사전적 정의는 '어떤 일을 이루고자 하는 마음'이다. 그렇다면 '의지력'이란 무엇일까? '어떠한 일을 이루고자 하는 마음을 꿋꿋하게 지켜나가는 힘'이라고 정의된다.

당신은 의지력을 기르기 위해서는 가장 필요한 게 무엇이라고 생각하는가? 아마 사람마다 차이는 있겠지만, 나는 이 질문에 대한 답을 꾸준함이라고 말하고 싶다. 쉽게 그만두지 않고 끈질기게 견뎌 나아가는 힘. 이러한 힘을 기르면 당연히 의지력도 유지될 수밖에 없을 것이다. 물론 그 반대의 상황도 성립이 가능하다고 생각한다. 마음을 먹고 행동을 이어나가느냐, 아니면 행동을 이어가며 흔들리지 않는 마음을 가지느냐이다. 마음과 행동 둘 중 어느 것이 우선이냐가 다를 뿐.

새로운 해가 오면 사람들은 새해에 맞는 목표를 세운다. 작년과는 다르게 조금 더 발전된 나를 위해, 새로 맞이한 해는 알차게 보내기 위해. 모든 걸 다 이룰 듯이 원대한 목표를 설정한다. 그리고 실천하고 있을 자신을 상상하며 설레한다. 하지만 사람들은 얼마 가지 않아 좌절한다. 시간은 빠르게 흘렀는데 자신이 방대하게 적어놓은 목표를 해내지 않았기 때문이다. 그리고 일 년 동안 이런 말을 뱉고 있을 수도 있다.

"벌써 한 달이 지났네. 난 아무것도 한 게 없는데."

"시간 무슨 일······. 새해 목표 적어놓고 초반에 하다가 말았는데 벌써 봄이네."

"벌써 일 년이 다 갔네. 내년에는 꼭 한다, 진짜!"

"아, 난 일 년 동안 뭐 했나?"

꼭 새해가 아니더라도 사람들은 매월 1일, 일주일 중 월요일, 자신이 좋아하는 날짜, 학생이라면 학기나 방학에 맞춰 나름 특별하다고 생각되는 날부터 새로운 목표를 실천하려 한다. 꾸준히 달려보려고 힘을 쓰다가도 며칠 가지 않아 사람들은 쉽게 흐지부지하고 만다. 그리고 다시 목표를 실천하려 계획을 세운다. 그리고는 얼마 지나지 않아 다시 목표가 사라진 것처럼 행동하곤 한다.

초반에는 잘만 달리다가 왜 사람들은 자꾸만 끝까지 이어가지 못하고 중도 하차를 하는 걸까?

나도 항상 무기력하게 누워만 있는 나를 일으키고 싶다는 생각을 자주 했다.

인터넷을 하다 보면 나와 같이 이런 상태에 있던 사람도 꿋꿋하게 견디고 버텨 한 발자국씩 움직였다는 글을 보게 될 때가 종종 있다. 그럴 때마다 세상에는 정말 대단한 사람이 많다고 느껴졌다. 그래서 때로 나도 그런 사람이 될 수 있을 것만 같다는 생각이 머릿속에 들곤 했다. 그런 생각이 들 때면 나는 매번 책상에 앉아 컴퓨터로 계획표를 만들고 프린트를 했다. 그리고 그곳에 앞으로의 계획을 적었다.

오전 5시, 혹은 6시에 기상하기, 오전에 조깅하기, 공부하기, 핸드폰 아예 만지지 않기, 밤에는 24시에 맞춰 잠자기 등과 같은 목표를 시간 단위로 계획을 짰었다. 하지만 그렇게 이루어진 계획은 실천하기가 어려웠다.

잠에 늘 빠져 살거나 자지 못했기에 당연히 취침, 기상 시간은 들쭉날쭉했다. 그런데 갑자기 기상 시간, 취침 시간을 맞춘다는 건 어려웠다. 물론 일주일 정도는 일어나는 시간, 잠자리에 드는 시간을 캡처해 기록용으로 남기겠다는 마음에 잘 맞추긴 했다. 하지만 그건 고작 일주일뿐이었다.

밖에서 지나다니는 사람을 마주하는 것도 버거웠던 내가 밖에 나가서, 그것도 이른 오전에 조깅을 한다? 이건 정말 범접할 수 없었다. 그래도 마음을 먹은 거니까 하자고 스스로 자신을 다독였다. 그런 결과, 계획을 세우고 이틀 정도는 밖에 나간 적이 있긴 했다. 무작정 조깅을 한 건 아니고 간단한 스트레칭 후에 5분 뛰고 10분 걷고를 반복하며 약 40분 정도를 밖에서 소요했다. 그러나 이것도 이틀이 다였다.

공부하기는 다른 것들에 비해 꾸준히 하긴 했다. 사실 공부를 해야겠다는 뚜렷한 목표가 있던 건 아니었다. 나는 비겁한 도망자였기에 부모님께 그런 척이라도 해봐야 할 거 같았다. 하지만 이것도 다른 것들에 비해 오래 했을 뿐 한 달을 넘기지는 못했다. 나는 다른 애들에 비해 기억을 잘하지 못하는 편이다. 똑같은 부분을 계속 붙들고 있었지만 기억에 남는 내용은 고작 제목뿐이었다. 그게 너무 답답했다. 그런 상황들이 자꾸 반복되니 '나는 역시 안 된다.'라는 생각에 머물게 됐다.

핸드폰 만지지 않기라는 목표도 어처구니 없이 끝났다. 나는 현실 공간이 무서워 가상의 공간인 핸드폰 속으로 도피를 했다. 이런 내가 핸드폰을 단번에 끊는다는 건 있을 수가 없는 일이었다. 물론 가능한 사람도 있겠지만, 적어도 나는 아니었다. 끊는다고 하면 할수록 이상하게 더 끌리는 일이었다. 분명 핸드폰을 끄고 만지지 않기 위해 앱도 깔았다. 이걸로 안 될 때는 핸드폰 자체를 끄고 서랍 속에 넣어두기도 했다. 도저히 안 될 때는 밖에 나가는 동안은 집에 핸드폰을 아예 두고 간 적도 있었다. 5시간 정도는 지켜지는 듯했으나 한계에 금방 부딪혔다.

내가 무언가를 꾸준히 할 수 있는 건 최소 1시간, 최대 한 달이었다. 물론 그 한 달조차도 하루에 5시간을 넘지 않는 선에서 꾸준히 했을 경우였다. 이런 나를 보며 다그치는 걸 참 많이 했다. 남들은 공부하는 데 힘을 들이면 최대 15시간까지도 간다는데 나는 왜 고작 10시간이 넘는 건 삼일 뿐일까. 나는 고작 1시간밖에 못 하거나, 많게는 5시간이 다인 걸까. '왜 나는 늘 마음을 먹고 실천을 하는 건 이게 다인 걸까?', '나는 왜 이렇게 의지력이 약한 걸까?' 나 자신에게 이런 질문을 던졌다. 나는 이런 사람밖에 안 된다는 듯한 말을 나 자신에게 해주면서 말이다.

애초에 처음 계획을 설정할 때부터 잘못되었다는 걸 알지 못했다. 내가 계획을 짤 때, 가장 중요하게 생각했던 것은 '남들도 이만큼 하니까 나도 이만큼!'이었다. 내가 내 상황을 고려하지 못한 거였다. 명확한 꿈도, 목표도 없었다. 그저 남들이 하니까 나도 해야 할 거 같은 느낌에 누가 등 떠밀지도 않았지만 떠밀린 것처럼 계획을 짰다. 짜기로 마음은 내가 먹었지만 짤 때는 꼭 내가 짜려고 한 게 아닌 듯 짰다.

다른 사람들은 명확한 꿈과 목표를 가지고 있었기 때문에 자기 자신을 끌고 나아갈 수 있었다. SNS에 공부를 인증하는 사람들만 보더라도 명확한 미래를 그린다. 그게 꼭 직업이 아니더라도 받고 싶은 성적을 위해서 하는 사람들도 있다. 가고 싶은 학교를 위해서인 사람들도 있다. 그렇게 명확한 미래, 목표를 지녔다.

하지만 나는 아니었다. 그저 나도 저 사람들처럼 대단한 사람일 수도 있을지도 모른다는 생각으로 시작하거나 다른 사람들도 '미라클 모닝'을 하니까 나도 바로 시작하곤 했다. 남들도 하루에 10시간 이상 공부한다고 하니까 나도 이만큼 해야지. 남들도 하루에 2시간 정도는 밖에서 운동하니까 나도 해야지 하는 단순한 생각으로 여태 아무것도 하지 않은 나를 잡아주는 사람 없이 굴리려고 했다. '남들이 하니까 나도 한다.'라는 것은 올바른 방법이 아니었다.

나의 의지력을 기르기 위해서. 스스로 자기 자신을 이끌기 위해서 가장 필요한 건 '나를 아는 것'이었다. 현재 나의 상황을 파악하고 내가 할 수 있을 만큼만 설정해야 했다. 무리하게 이것저것 다 해서는 안 되는 거였다. 현재는 아무것도 없는 0의 상태인데 한 번에 10으로 올리려고 한다면 당연히 올라갈 수가 없다. 스스로 계속 올라가려고 해도 올라가지 않으니 '나는 안 돼.'라는 말만 할 뿐인 것이다. 아무것도 준비가 되지 않은 상황에서 훌쩍 뛸 수는 없는 노릇이다. 차근차근 내가 10까지 올라갈 수 있도록 계단을 만들어주어야 한다. 그 처음이 나를 파악하는 것이다.

나를 우선 파악한 후에 당장 내가 할 수 있는 가까운 목표를 설정한다.

그렇게 설정한 목표를 실행한다. 실행하고 가까운 목표에 도달하고 나면 나는 자연스럽게 아무것도 없던 0의 한 단계 위인 1로 올라가게 된다. 그리고 다음의 2로 올라가기 위해 또 가까운 목표를 설정하고 실천한다. 한 단계도 멀게 느껴진다면 반 단계도 괜찮다. 이걸 반복하면 어느샌가 10까지 가 있는 자신을 발견하게 될 것이다. 이런 자신의 발견은 '나도 할 수 있는 사람이었네!'라고 말을 해준다. 이런 말들이 차곡히 쌓일 때쯤이면 나에게도 무언가를 꾸준히 할 수 있는 힘이 길러진다. 그리고 이 힘은 곧 나의 의지력이 된다.

내가 밖에 나가는 것도, 집에 있는 것도 두려웠을 적에 나는 차라리 밖에 나가는 걸 목표로 삼았다. 그리고 가장 처음은 옷을 입는 것으로 시작했다. 그리고 다음 날은 집 앞 슈퍼라도 가는 것. 그다음 날은 강가로 나가 10분이라도 걷는 것. 또 그다음 날은 30분. 그리고 어느샌가 나는 집 안에 혼자 있기보다 혼자 밖에 나가 걸을 수 있게 됐다. 밖에서 혼자 걸으려고 시도를 하지 않았던 나는 현재 하루도 빠짐없이 밖으로 나와 산책하며 사람들을 구경한다.

누군가에게는 별것도 아닐 수 있는 바깥 산책이 나에게는 아주 큰 변화였다. 그리고 무엇보다 이걸 이 주, 한 달도 아닌 다섯 달이 넘는 시간 동안 지속이 가능하다는 것은 나에게는 정말 큰 발전이었다.

자신을 파악해서 남들이 하는 대로가 아닌 내게 맞추어 목표를 잡는 게 의지력이 약한 나를 적어도 한 가지에서만이라도 의지력이 있게 만들 방법이었다. 나도, 당신도 의지력이 약한 사람이 아니다. 단순히 자신에게 맞는 방법이 무엇인지 모를 뿐. 자신을 알아라. 그리고 자신을 위한 목표를 만들어라. 단순하게 할 수 있는 목표라면 바로 실천을 하되, 꾸준히 이어가 달성할 수 있는 목표라면 계획도 자신에게 맞추어 설계해라. 당신은 당신을 이끌 수 있는 방법을 분명히 알고 있다. 그러니 남들이 하는 만큼 하지 말고 자신에게 맞추어라. 그러면 적어도 남들이 하고 있는 그 수준까지, 더 나아가서는 그 이상도 어쩌면 만들 수 있을지도 모른다.

03

아무도 날
사랑하지 않아

"가장 끔찍한 빈곤은 외로움과 사랑받지 못한다는 느낌이다."

가장 도덕적인 인물로 꼽히는 마더 테레사 수녀님께서 하신 말씀이다. 당신은 위의 문장에서 어떤 느낌을 받았는가? 공감? 반감? 외로움과 사랑받지 못함을 느낀 사람이라면 공감을 했을 거라고 예상해본다. 나도 누군가가 나를 들여다보지 않았을 때, 세상에 혼자인 듯함을 느꼈을 때가 심적으로 가장 힘들었다. 다른 이들이 나에게 관심이 없었던 것은 물론이거니와 나 자신조차도 스스로를 사랑하고 있지 않으니, 더욱 힘에 부쳤다.

초등학교 저학년 때, 사람들과 어울리기 힘들었던 내가 친하지 않던 친구의 생일 파티에 초대받은 적이 있었다. 사실 반 아이들을 모두 초대하는 자리여서 얼떨결에 같이 가게 됐다. 생일 파티니까 선물을 준비해야 했다. 그냥 빈손으로는 갈 수 없었다. 당시 내 수중에는 돈이 없었다. 부모님께 말을 꺼내기도 조심스러웠다. 그래도 어렵게 말을 꺼내 엄마께 오천 원을 받았다. 오천 원으로 어떤 선물을 살 수 있는지에 대해 어린 나는 열심히 고민했다. 그때 떠오른 게 필통이었다. 문구점에 있던 필통은 오천 원으로는 살 수가 없었다. 그래서 당시 '천냥코너'라는 가게에 가서 필통 두 개를 샀다.

친구의 생일을 축하하며 선물을 전했다. 친구는 받은 선물을 하나씩 기쁘게 뜯어보았다. 앞에 다른 애들이 준비했던 선물들이 당시 내 기준에서 볼 때 값어치가 있는 것들이었다. 색연필, 크레파스, 글라스데코와 같은 것들이었으니 말이다. 그런 선물을 이미 받은 후에 내 선물을 뜯어본 친구의 표정은 순식간에 변했다. 앞에 받았던 선물과 다르게 고작 플라스틱 필통 두 개뿐인 내 선물이 너무 작고 값도 쌌으니 그럴 만도 했다. 하지만 당시 어렸던 나는 그 표정을 보고 서운함과 동시에 쪽팔림이 느껴졌다. 사실 그전에 다른 애들이 준비한 선물이 무엇인지 운동장에서 만났을 때 들었던 터라 친구에게 선물을 주기 이전부터 창피해하고 있었다. 그 상태에서 표정이 찡그려진 친구 얼굴을 봤을 때는 쥐구멍에 들어가 숨어 울고 싶었다.

이러한 마음을 숨기고 나머지 시간을 반 친구들과 함께 놀았다. 집에 갈 시간이 되었을 때, 친구는 말했다. 플라스틱 필통 두 개를 받았으니 한 개 가져가지 않겠냐고. 사실은 두 개 다 가져가도 괜찮다고. 그 말을 딱 듣고 난 후 집으로 돌아오는 길에 결국 펑펑 울었다. 학교 안이 어색해 혼자 있던 시간이 길었던 내게 누군가가 처음으로 나를 초대해줬다는 사실이 기뻤다. 하지만 끝은 울음이었다. 처음이자 마지막으로 초대받은 생일 파티였다.

초등학교 2학년 때, 오전부터 언니와 싸운 적이 있었다. 언니는 나를 두고 학교로 뛰어갔다. 당시 혼자 학교로 가는 게 두려웠다. 1년을 갔던 길이었지만 그 길들이 항상 낯설게 느껴졌다. 그래서 결국 혼자 학교로 가지 못하고 집 현관을 두드렸다. 열쇠를 가지고 나오지 않아 할 수 있는 게 벨을 누르고 문을 두드리는 것뿐이었다. 한참을 두드렸지만, 부모님께서 나오지 않으셨다. 잠에 다시 드신 듯했다. 계단에 주저앉아 있다 다시 두드렸을 때, 아버지께서 나오셨다. 30분이 지나도록 학교로 가지 않은 나를 아버지께서는 차에 태우셨다. 그리고 혼을 내시며 학교로 데려다주셨다. 학교에 도착했을 때는 이미 등교 시간이 훌쩍 지나 있었다.

그날 준비물이 있었다. 만들기를 하기 위해 수수깡을 샀었어야 했다. 그렇지만 오전부터 지각했던 나는 정신이 없었다. 준비물이 있었다는 사실을 잊어버렸다. '즐거운 생활' 수업 시간이 되자 선생님께서 준비물 검사를 시작하셨다. 나는 당연히 준비물이 없었으니 앞에 나가게 됐다. 수업 전에 지각한 데다가 준비물까지 가져오지 않으신 내 모습에 선생님께서는 화가 많이 나셨는지 손바닥으로 나의 볼을 때리셨다. 모두가 보는 앞에서 따귀를 맞았다. 그리고 1시간 동안 무릎을 꿇고 손을 들고 있었다. 모두가 볼 수 있는 앞자리였다. 교실 앞문 바로 옆이었다. 팔이 아파 손을 내릴 수도 없었다. 준비물을 가져오지 않은 것도, 지각한 것도 처음인 날이었다. 선생님께서 따귀를 때리시는 모습도, 맞은 적도 처음인 날이었다.

3학년 때, 화장실에 휴지만 가지고 가던 길에 다른 반 선생님을 보지 못하고 지나친 적이 있었다. 그때 선생님께서는 나를 불러세우시더니 왜 인사를 하지 않냐며 얼굴에 대뜸 물을 두 번 뿌리시며 화를 내셨다. 평소에도 마주치면 짜증을 내시곤 하셨다. 그때도 당황하긴 마찬가지였지만 물을 뿌리셨을 때는 괜히 울고 싶었다. 4학년이 되었을 때는 어떤 친구가 내 손수건을 밖으로 던졌다. 그리고 목덜미를 잡아 창가로 데려가더니 가방을 던지는 시늉을 했다. 또 학년이 올라가서는 친구가 말해달라고 조르기에 결국 비밀을 말해준 적이 있었다. 그 친구는 말이 끝나고 화장실 문 밖을 나서자마자 다른 친구에게, 반 친구에게 다 떠벌리고 다녔다. 한동안은 내가 그들의 이야깃거리였다.

이외에도 잠깐 다녔던 학원에서조차 물건 취급을 하는 것처럼 뒤에 의자가 가득함에도 선생님은 나를 뒤로 밀어버리신 적도 있었다.

그렇게 중학생이 되었을 때, 난 사람들의 눈치를 먼저 살피는 사람이 되어 있었다. 고작 인사를 하는 상황에서도 고민했다. 고민이 길어지면 길어질수록 행동은 하지 않게 됐다. 밖에서는 말을 더 아끼려고 했다. 사람들이 어떤 행동을 할지 계산을 했고 그다음 나의 행동을 미리 생각해야 했다. 그러면 그럴수록 더 외로워졌다. 그리고 이런 내가 너무 싫었다. 미웠다. 스스로 자신을 미워하고 싫어하게 되니 자연스럽게 사람들도 나를 싫어할 거라고 믿었다. 누군가와 어울리게 될 때면 어쩔 수 없이 나와 있어 주는 거라는 생각이 들었다.

그러다 보니 언제부턴가 사람들과 있는 게 불편해졌다. 누군가와 함께 있게 될 때면 누군가를 실망하게 하지는 않을까, 내 행동이 거슬리지는 않을까 하는 생각들이 머릿속에 가득 들어찼다. 그러다 보니 행동 하나 하는 것, 말 한마디 하는 것 등 모든 게 조심스러워졌다. 그렇게 조심스러워지는 나의 모습들은 나에게 이런 말을 했다.

"애초에 행동하지 마. 말도 하지 마."

그리고 나는 수긍했다. 이게 맞는 건 줄 알았다. 그러면 나를 포함한 모두가 편해질 줄 알았다. 그래서 말도 거의 하지 않았다. 행동도 할 줄 모르는 사람이 되었다.

말과 행동, 그 어떤 것도 하지 않으니 당연히 아무도 다가오지 않았다. 우연히 운이 좋아 무리에 속하게 될 때가 있었다. 그곳에서도 나는 고장이 난 로봇인 양 굴었다. 말을 하지 않던 날들이 많았던지라 어떻게 행동해야 할지 몰랐다. 그저 어색했다. 무리에서도 항상 외로움을 느꼈다.

사람을 많이 만나면 자연스럽게 된다는 말을 인터넷 어디에서 본 듯했지만, 그건 내게는 해당이 안 되는 말이었다. 사람들과 섞이면 섞일수록 더욱 외로웠다. 이런 상황을, 생각을 청산하고 싶었다.

그리고 이 모든 불편한 상황에서 그저 살아가는 내가 너무 싫었다. 다른 이유로도 나를 싫어할 만한 이유는 엄청나게 수두룩한데, 덧붙여주는 게 너무 한심했다. 스스로가 너무 꼴 보기 싫었다.

한참이 지난 지금에서야 지나온 나의 모든 생각이 잘못되었음을 느낀다. 다른 사람들의 눈치를 보고 또 그로 인해 나를 싫어하게 된 생각들이 이제야 잘못되었다고 느끼게 되었다.

나는 모든 상황에서 최선을 다했다. 비록 싸구려이긴 했어도 마음을 담아 1시간을 그곳에서 고민했다. 누군가에게 비밀을 말할 때면 그 사람을 전적으로 믿었다. 이유도 모르게 내 물건이 떨어지고 나도 같이 그러할 뻔했을 때도 당황스러움과 눈물을 꾹 참고, 하지 말라고 말을 하기도 했다. 학원에서는 문제를 아무리 풀어도 풀 수 없어 당당하게 모르는 문제를 여러 번 물으러 갔었을 뿐이었다. 학교에 지각하고 준비물을 가져가지 않은 건 나의 잘못임이 분명했다. 그리고 그 이후로 나는 학교에 혼자 갈 수 있는 사람이 되었다. 준비물도 재깍 사기 위해 노력했다. 나는 나름대로 할 수 있는 선에서 최선을 다했다.

현재 대한민국을 대표하는 가수 중 한 그룹인 방탄소년단의 맏형, 김석진 님이 한 말이 있다.

"앞으로도 수고를 굉장히 많이 하게 될 거지만 너의 수고는 내가 알고 있으니까, 너 자신의 수고는 너만 알면 돼."

2016년도에 처음 이 말을 들었을 적에는 '남들한테 인정받으려고 애를 쓰지 마.'라는 말로 종종 생각하곤 했다. 최근 들어 다시 상기시켰을 적에는 내가 나의 수고를 무시했다는 생각이 들었다. 내가 한 행동은 나만이 알고 있었음에도 무시했다. 그렇게 스스로 나 자신을 무시하고 주변을 둘러보니 모두가 나를 좋아하지 않는다고 느꼈다. 그리고 그런 나를 미워하고 싫어하게 됐다.

나 자신의 수고는 나만 알면 된다는 말처럼 당시 그 상황에서 어떤 마음을 가졌고, 후에 어떤 행동을 했는가에 대해서는 나만이 알고 있다. 그럼 나는 나에게 '꼴 보기 싫어.'라는 말이 아닌 '괜찮아. 잘했어. 잘 해냈어.'라는 말을 전했어야 했다. 스스로 나 자신을 일으키고 자신과 함께 더 나은 삶을 살아가는 방법을 터득했었어야만 했다.

자기 자신의 수고를 알고 있다면 남에게 인정받으려 고군분투하지 말자. 더불어 그런 수고를 한 자신을 칭찬해주고 안아주고 토닥여주자.

충분히 노력했다. 어릴 적 닥쳤던 상황들에서 나은 결과를 이끌기 위해 부단히도 애썼다. 그걸 이제야 알아주게 되었다며 미안하다는 말을 어릴 적 나에게 해본다. 모두가 나를 원하지 않을 때 나조차도 나를 원하지 않아 고독 속에 남겨버려 미안했다고 말을 해본다. 그리고 잘 버텨주어 고맙다고, 그 덕분에 내가 지금 살아 있다고 말을 붙여본다.

상처가 크든 작든 상관없다. 상처받은 자신을 방치한 적이 있다면 한 번쯤은 돌아보기 바란다. 세상이 나를 버린 건지 아니면 내가 나를 버린 건지. 내가 나를 포기하지 않았고 내가 나를 사랑한다면 충분하다. 아무도 나를 사랑하지 않는 게 아니다. 내가 나를 사랑하지 않아서 그렇게 느꼈을 뿐이지.

상처 속에서 여전히 움츠려 있을 자신을 토닥이고 안아 일으켜 세워주기를 바란다. 그 속에 있는 내가 나를 용서하게 된다면 당신도 이 세상에서 나만 혼자인 듯 느껴지는 그 고독함을 잊을 수 있을 것이다.

04

이번 생은
망한 인생

한동안 학생들 사이에서 '이생망'이라는 말이 유행한 적이 있다. 당신은 '이생망'이라는 단어가 어떤 뜻인지 알고 있는가? 그렇다. 바로 '이번 생은 망했음.'이라는 뜻이다. 어쩌면 당신도 한 번씩은 썼을지도 모른다. 그리고 나도 친구들과 말을 할 때면 간혹 쓰던 말이었다.

연예인을 볼 때면 "와, 진짜 예뻐."라고 말을 할 때가 있다. 그럴 때면 '나도 저러고 싶은데.'라는 생각이 올라온다. 얼마 가지 않아 자기 자신을 객관적으로 보기 시작한다. "이번 생에서 나는 무리. 저렇게 되려면 다시 태어나야 해."라는 말로 끝이 난다. 물론 연예인뿐만 아니라 내가 어떤 것을 하고자 할 때도 현재 나의 능력치만 생각하고서 "응~, 이번 생은 안 돼~."라고 말을 할 때가 있었다. 아직 살아가야 할 날이 많은데도 불구하고 너무도 쉽게 아무렇지 않게 안 된다는 말을 내뱉었다.

 어릴 적의 나는 '이번 생은 글렀어.'라는 생각과 함께 다음 생에 관해 소원을 빌 때가 종종 있었다. 아직 이번 생도 다 살지 못한, 살아봤자 고작 10년이 조금 넘는 세월을 살았던 꼬맹이는 아름다운 미래를 그리기보다 현재의 생이 빨리 마감되는 걸 꿈꿨다.

 '어른이 사는 삶'이 무서워 보였다. 책임감을 안고 살아갈 자신도 없었다. 돈이라는, 삶에 없어서는 안 될 물질에 얽매이는 것도 싫었다. 그리고 '어른이 되기까지 살아가는 과정'도 처참해 보였다. 서로를 헐뜯거나 무참한 폭력을 저지르는 누군가에게 당하는 누군가의 모습들이 세상에 존재하는 그 어떤 공포영화보다 무서워 보였다. 이 모든 걸 견뎌 어른이 되어야 한다면 차라리 어른이 되고 싶지 않았다. 당시 느끼고 있던 그 두려움, 불안함을 또다시 느끼고 싶지 않았다. 이런 삶을 지속할 바에는 차라리 눈을 뜨지 않는 편이 훨씬 낫다고 생각했다. 애초에 존재하지 않았던 것처럼 사라지기를 바랐다. 아무도 나를 알지 못하고 기억하지 못하도록 말이다.

 다음 생을 바란, 어른이 되기를 바라지 않았던 꼬마 아이는 자라서 어느새 '나이만 먹은 어른'이 되어 있었다. 어린아이에 머무른 어른이 되어 있었다. 미래를 위한 직업을 꿈을 꾼 적도 있었다. 물론 그 꿈은 이루지 못할 거라는 부정적인 믿음에 이미 져버린 지 오래였다. 이겨내기 전에 지는 걸 먼저 터득하고 나니 포기는 너무 쉬웠다. 포기해야만 하는 이유를 찾기 시작했다. 그리고 이유를 찾으면 당장 내려놓았다. 그러면 어리석은 마음이 바로 편안해졌다.

삶을 살아가며 하게 되는 모든 선택에는 대가가 따른다는 것을 몰랐다. '포기'라는 선택을 매 순간 했던 나에게 대가는 처절했다. 감정을 표현할 줄 몰랐다. 사람을 대하는 방법도 몰랐다. 앞으로 나아가는 방법은 더욱이 알지 못했다. 어떤 선택을 해야 하는지 감이 잡히지 않았다. 헷갈리는 매 순간의 선택에서 정신을 차리고 보면 앞으로 나아가기보다는 뒤로 물러서고 있었다. 가끔은 포기가 아닌 '도전'을 택할 때도 있었다. 하지만 '도전'을 택했을 때는 너무 무섭고 두려운 마음에 또 잠을 이루지 못하는 밤을 보냈다. 이런 감정을 계속 느낄 바에는 하지 않는 편이 낫다는 생각에 다시 뒤로 가기를 선택했다.

어른이 되어서도 이런 어리석은 날을 몇 년 보낸 결과는 나를 더욱 정신을 차리지 못하게 만들었다. SNS 속 내 또래의 사람들의 다수는 학교를 졸업했거나 취업을 했다고 했다. 아직 여전히 취업하지 않고 학교를 졸업하지 않았던 사람들은 앞으로 자신들의 미래를 위해 계획을 세우고 있었다. 새로운 사회로 나아가기 위해 새로운 도전을 하는 사람들도 있었다. 그런 사람들에 비해 아무것도 하지 않는 나는 여전히 고등학교 졸업장만 딴 사람이었다. 삶을 살아가는 방식을 터득하지 못했다. 새장 속에 앉아 멀리 날아가는 새들을 그저 물끄러미 바라만 보는 새와 같았다.

부모님께 너무 죄송했다. 어릴 적부터 지금까지 한순간도 일을 쉬지 않으셨다. 안 좋은 상황이 들이닥쳐도 먹고살아야 했기에, 우리를 먹여 살려야 했기에 쉬는 날이라곤 고작 명절 이틀이 다인 삶을 살아오셨다. 그런 부모님의 인생을 받은 내가 조금은 더 편하게 앞으로 살아가실 수 있도록 도움을 주어야 했는데 그러지 못했다. 아니, 도움을 주지 못했더라도 더 나은 삶으로 살아가는 모습을 보여드려야만 했었는데 그러지 않았다.

이런 생각들에 휩싸이면 나도 사람인지라 앞으로 잘 살아보겠다는 마음을 먹기도 했다. 하지만 그게 다였다. 안 된다는 생각이 머릿속을 지배함과 동시에 몸이 바닥과 함께 일심동체가 된 듯 움직여지지 않았다. 너무 무거웠다. 일렁이는 벽을 보고 있으면 온 세상이 어지럽게 흔들리는 느낌이었다.

앞으로 평생 이렇게만 살 거 같았다. 아무것도 하지 못하고 하는 순간 족족 포기해버리는 삶. 할 의지도, 이겨낼 마음도 없었다. '잘 살자.'라는 말을 간혹 주고받을 때가 있었지만 어떻게 하는지 몰랐다.

'어제와 오늘, 그리고 내일도 다를 거 없이 나는 아무것도 하지 못하고 포기하는 삶을 살고 있을 텐데, 그냥 지금처럼 시간이 흘러 빠르게 내가 사라지는 날이 오기를 바라기만 하자.'

늘 감추던 말이었다. 입 밖으로 내뱉던 말과 다르게 속으로 혼자 꾹 삼켜냈던 말이었다.

언제, 어떻게 터질지 모르는 시한폭탄 같은 삶, 포기밖에 모르며 갇혀 있는 것 말고는 할 수 없는 삶, 결국 끝에는 내가 져야만 하는 삶. 이런 삶의 지속이 될 게 뻔하고 이런 인생은 살아갈 가치가 없는 삶이었다. 이런 생각이 나를 더 우울하고 지치게 했다. 조금이라도 괜찮아질 뻔하면 다시 괜찮지 않은 상황이 잇따르는 바람에 늘 불안이 도사리고 있었다.

인터넷을 하다 보면 가끔 마인드만 바꿨을 뿐인데 인생이 더 좋은 방향으로 흘러갔다는 글을 본 적이 있었다. 그때마다 '고작 마인드 하나로 바뀔 인생이었으면 세상 모두가 부자가 되겠네.'라는 생각을 하면서 시도를 한 적이 있었다. 하지만 실패했다.

당시에는 실패한 정확한 이유를 알지 못했다. 돌이켜 생각해보면 한 번에 되지 않는다는 사실을 몰랐다. 뭐든지 단계가 있고 그 단계를 차근히 밟고 넘어섰을 때 비로소 내가 원하는 내가 된다는 걸 몰랐다. 그래서 번번이 실패하고 좌절했다.

우연히 『웰씽킹』의 저자 켈리 최라는 분의 유튜브를 보게 된 적이 있다. 당시는 나도 걷기를 막 시작한 지 한 달이 되던 때였다. 불안과 공포에 시달려 미칠 지경이었을 적에 본능적으로 위협이 느껴졌는지 나가야 한다라는 생각이 자꾸만 들었다. 그렇게 계속 걷고 있던 때였다. 켈리 최 회장님께서도 우울증이 있으셨고 그걸 이겨내기 위해 밖에서 조금씩 걷기 시작을 하셨다고 했다. 처음은 15분도 힘드셨다고 하셨다. 하지만 꾸준히 걸으셨고 그렇게 몸 근육이 생기니 마음 근육이 생겼다고 하셨다. 그 말을 들었을 때 깨달았다. 내 속에서 긍정의 에너지가 나오기 위해서는 차근차근 나아가는 게 필요하다는 것을.

누군가는 단 하루 만에, 다른 누군가는 일주일, 또 다른 누군가는 육개월 만에 바뀐다. 사람마다 속도는 다 다르다. 나는 이걸 인정하지 못했다. 내가 제일 빠르게 변화하고 싶었다. 하지만 나는 고질병을 앓고 있었다. 바로 바뀌기란 쉽지 않았다. 천천히 시간을 두어야 했다.

『럭키드로우』의 저자 드로우 앤드류라는 분이 계신다. 이분의 영상을 켈리 최 회장님의 영상과 비슷한 시기에 접했다. 그때 봤던 영상이 '자기암시'에 관한 내용이었다. 스윙스라는 래퍼의 〈자기 암시〉라는 노래를 들은 후, 본인의 목소리로 원하는 암시를 녹음해 아침마다 듣는다고 하셨다. 그 이야기를 들은 후에 나는 유튜브에 돌아다니는 많은 확언 중 몇가지를 골라 녹음했다. 그리고 밖으로 나가 걷기 시작할 때마다 노래를 듣기 전 세 번은 녹음한 암시를 들었다. 그렇게 또 한 달이 지나니 두려운 마음은 남아 있었지만 조금씩 무언가 할 용기가 생겼다.

그렇게 현재 진행형인 삶을 살아가고 있다. 여전히 미궁인 세상이지만, 어떻게 살아가야 할지 모르겠지만 굳건한 믿음이 하나 생겼다.

'나는 어차피 잘 될 수밖에 없는 운명'

그리고 알게 됐다. 삶을 살아가면서 두려움과 불안함은 함께하는 존재라는 것을, 이것을 어떻게 다루고 느끼느냐가 중요하다는 것을 깨닫게 되었다.

사람들은 앞으로 자신의 의지로 살아갈 수도 있고 태어났기 때문에 죽을 수 없어 살아갈 수도 있다. 당신이 후자에 근접한 생각을 하고 있다면 아마 당신은 자신을 '실패자'라고 생각하고 있을지도 모른다. 하지만 생각은 바뀔 수가 있다는 걸 알려주고 싶다.

'망한 인생'의 기준은 사람마다 다르다. 나처럼 어릴 적의 상처를 껴안고 그대로 크면서 그때와 다를 거 없는 인생을 느끼고 그보다도 못한 자기 자신을 보게 되면서 '망함'을 느낀 사람도 있을 것이다. 혹은 불우한 사고로 느끼게 된 사람도 있을 것이고 그 외 다른 이유도 있을 것이다. 각자 자신이 견뎌낼 수 있는 상처의 크기는 다르다. 그걸 우선 인정하고 넘어가자. 남들이 별일 아닌 사소한 일이라고 여기는 일이 내게는 견딜 수 없는 상처일 수 있다.

나는 분명 상처를 받았고 그걸 잊지 못해 오래 과거 속에 살았다. 하지만 내가 겪은 건 다른 사람들에 비해 너무 작은 것만 같았다. 이런 감정을 느끼는 게 꼭 죄인같이 느껴진 적도 있었다. 그래서 한때는 나 스스로 다그치기도 했다. 다른 사람들은 이런 감정을 다 이겨내며 살 텐데 나는 고작 이것도 이기지 못하냐고. 다그침이 무색하게 나는 이겨내지 못했다. 앞으로도 나는 이겨내지 못할 것이라고 여겼고 내 인생은 답이 없었다.

하지만 정말 신기하게도 내 삶에서 아주 작은 것이라도 변화가 있다면 나의 인생은 앞으로 나아갈 수 있다는 걸 깨달았다. 그 작은 변화가 내면이다. 긍정의 말을 모아 읽고 그중 내가 더 담고 싶은 걸 녹음해서 수시로 들었다. 내 인생은 답이 없다고 생각하며 정체되고 뒤로 가기를 택했던 내가 앞으로 나아가는 것을 택했다.

앞으로 살아가면서 무수히 많은 선택을 해야 하는 순간이 올 것이다. 선택해야 하고 기회를 맞이하게 됐을 때, 설레지 않을 수도 있다. 불안과 두려움만을 느낄 수 있다. 다시 아무것도 하지 않고 뒤로 물러서고 싶어질지도 모른다. 하지만 우리는 이제 나약한 마음을 이기는 방법을 안다. 자신을 토닥이고 위로를 전한다. 그리고 용기를 북돋는 긍정적인 말을 천천히 해주면 된다. 그럼 미약한 나의 마음은 나에게 속아줄 것이다. 속은 마음들은 진짜가 된다. 그렇게 해서 더 나은 선택들이 모이게 된다.

나은 선택들이 모여 우리의 미래를 이룬다. 그럼 우리의 인생은 망하

지 않는다. 내가 나를 포기하지 않고 끌어안을 수 있다면 우리는 찬란한

미래에 존재하고 있을 것이다.

이러다
말겠지

시간은 지난다. 그 어떤 상황에도 시간은 혼자 훌쩍 지나간다는 사실을 모르는 사람은 없다. 하지만 시간이 가는 길을 따라 나도 같이 걸어야 한다는 사실을 잊어버리는 사람은 많다. 잊은 시간에 많은 걸 해낼 수 있다는 사실을 모른 채 흘려보내는 사람은 많다. 나도 그런 사람 중 한 사람이었다.

굳이 노력하지 않아도 어찌어찌 흘러가는 순간들을 살아왔다. 학교에 가야 한다고 해서 갔다. 1년이 지나니 학년이 올라갔다. 한 교육기관에서 시간을 다 보내고 나니 한 단계 위의 교육기관을 가라기에 갔다. 또 그 과정을 반복했다. 그 과정을 겪는 동안 내가 한 일은 고작 흘러가는 시간을 구경하는 것뿐이었다.

좋지 않은 상황도 결국은 흘러간다. 좋은 상황도 잊힌다. 내가 무언가를 해냈다는 감정도 끝내 사라져버린다. 이 속에서 나는 어차피 이렇게 흘러갈 거라면 그저 물끄러미 바라만 보는 자세를 취하는 걸 선택했다.

시한폭탄 같은 나날들의 반복이었다. 언제 터질지 모르는 조마조마한 고요함이었다. 어디서 큰 소리가 들려오고 또 눈물을 흘릴지 몰랐다. 어떤 부분에서 감정이 삐끗할지도 몰랐다. 그러다 생각지도 않은 순간들에서 펑 터질 때면 나 자신에게 계속 되뇌곤 했던 말이 있었다.

"괜찮아, 어차피 지나가. 이러다 말 거야."

늘 그랬었으니까. 항상 크게 터지다가도 잠잠해지는 순간이 계속 왔으니까, 이번에도 그럴 거라며 속으로 여러 번 되새김질 했다. 괜찮아졌냐고 누군가 묻는다면 답은 '아니.'라고 말을 할 것이다. 성인이 지난 순간까지도 계속 이러한 감정들을 안고 살았으니 말이다. 한 번 터지면 어느 장소에 있든 상관없이 늘 초조했지만 그러다 말기를 바랐다.

학교에서 느끼는 숨 막힐 듯한 느낌도, 누군가와 말을 할 때면 불안하게 뛰는 심장도, 긴장한 상태로 있는 것에도 너무 지쳤다. 스스로 지친 감정을 다루는 방법을 알지 못했다. 그냥 그 상태로 있다 보면 인지하지 않고 있는 순간에 감정이 사라질 거라는 책임감 없는 마음으로 하루하루를 보냈다.

'이러다 말겠지.'

감정이 괜찮아지는 순간이 올 때까지 스스로를 방치를 했다. 괜찮아지는 순간은 오지 않는다는 걸 매일 깨달으면서도 그저 내버려두기만 했다.

'시간이 약이라는 말을 다들 들어봤을 것이다. 그리고 많은 사람이 그 말에 공감한다. 하지만 나는 늘 궁금했다. 시간이 약이라는 말이 정말 맞는 말인지.

한때 나도 인터넷에서 우연히 본 후부터 그저 흘러가게만 두면 괜찮을 거라고 생각을 했었다. 그러기를 간절히 바랐다. 밤이 될 때면 상처가 되었던 사건들을 하나둘 꺼내 본 적도 있긴 했지만, 꺼내지 않으려고 애써 무시했다. 그렇게 시간이 흐르니까 낙천적으로 되기도 했던 순간들이 오긴 했다. 그러나 그건 찰나였다. 올라오는 기억에 결국 아파했다. 불안했다. 무서웠다. 시간이 약이라는 말이 옳다면 이것에 아무렇지 않아야 하는 게 맞았다. 하지만 그러지 않았다.

'시간이 약이란 흔한 말 말고 더 확실한 방법을 내게 말을 해줘.'

어릴 때 자주 듣던 노래의 가사이다. 곡의 주제는 이별이었다. 나의 상황과 맞아떨어지는 주제는 아니었다. 하지만 그런데도 이 가사로 인해 자주 듣게 됐다. 너무 공감이 갔기 때문이다. '시간이 지나면 괜찮아져.' 라는 말이 꼭 무책임하게 들렸다. 이런 흔해 빠진 말 말고 확실하게 괜찮아지는 방법을 알려주기를 바랐다. 내가 지닌 기억들에, 현재 상황에 의연하게 대처하는 방법은 없는지 알려주기를 바랐다. 하지만 그런 일은 존재하지 않았다.

흐르는 시간에 따라 기억도 같이 옅어지긴 했다. 옅어지는 기억들로 인해 이런 말이 나온 것인가 싶었다. 하지만 '기억이 옅어졌다.' 단지 그뿐이었다. 고등교육이 끝나고 나면 괜찮아질까 싶었던 나의 상태도 몇 년이나 더 계속되었다. 떠올릴수록 그런 삶을 살게 될까 싶은 불안한 마음도 여전했다. 시간이 약이라는 말은 적어도 내게는 맞지 않는 말이었다.

겉만 보고 넘기며 보는 그대로만 인지했던 그 말에는 숨어 있던 속이 있다는 걸 깨달은 건 많은 시간이 지난 후였다. 우리가 아파서 병원을 가게 되면 약을 받아온다. 그럼 우리는 아픈 몸을 낫게 만들기 위해서 꼬박꼬박 알려주신 대로 약을 챙겨 먹는다.

똑같다. 나를 위해 약을 챙겨 먹는 것처럼 나를 신경을 써야만 했다. 약을 챙겨 먹기 위해서 가장 중요한 건 내가 약을 챙겨 먹는 행동을 스스로 한다는 점이다. 생각해보면 어릴 적 봤던 글들에서 시간이 약이라는 말을 하는 사람들의 다수는 일상생활을 다시 살아가려고 노력하는 모습을 보였다. 나처럼 '이러다 말겠지.', '이러다 알아서 괜찮아지겠지.'라며 내버려두는 게 아니라 감정에 솔직하고 때로는 혹독하게 자신을 갈고닦았다. 그렇게 점점 자연스럽게 일상 속에 스며들었다. 그 사실을 간과했다.

뭐든 아무런 노력 없이 자연스럽게 되는 건 없다. 작은 행동이라도 했다면 그에 상응하는 결과가 온다. 흘러가는 시간 속에서 유연하게 대처하고 괜찮아지도록 하는 방법을 터득했더라면 어릴 적 빌었던 대로 일찍이 괜찮아졌을지도 모른다.

그럼 흘러가는 시간 속에서 괜찮아질 수 있는 방법은 어떤 것이 있을까? 답은 너무 간단했다. 자신을 신경 써주면 되는 것이었다. 자신을 내버려두는 것이 아니라 보살피면 된다. 아픈 내가 나았으면 하는 바람으로 자신을 챙겨 약을 먹는 것처럼 말이다.

자신을 챙기는 것은 간단해보였다. 하지만 그것은 보이는 것과 달리 어려운 일이었다. 어릴 적부터 내버려둔 감정을 어디부터 챙겨야 할지 막막했다. 사실 막막한 것보다도 상처받은 나를 마주하기가 힘들었다. 이미 어둠 속에서 숨어 웅크리고 있는 나를 발견하고 건드리는 건 큰 용기가 필요한 일이었다.

과거의 나를 마주하게 됐을 때, 처음은 같은 절망에 빠졌다. 그때의 감정이 들기 시작했고 계속 그렇게 또 이렇게 살아갈 것만 같은 느낌에 무서웠다. 다음은 미안하다며 울기 시작했다. 혼자 그렇게 두어 미안하다고 조금 더 들여다보지 못해 미안하다고 울었다. 등만 보여주고 있던 과거의 내가 고개를 돌렸다. 새까맣게 되어 아무런 표정도 보이지 않던 얼굴을 보며 미안하다고 끊임없이 말을 해주었다. 다시 마주했을 때는, 일그러진 표정이 보였다. 표정을 보고 난 후에 다시 겁이 덜컥 나기 시작했다. 어떻게 해야 할지 몰랐다. 하지만 시도했다.

시도 끝에 나는 아주아주 어릴 적의 나와 대화를 나눴다. 하늘색의 원피스를 입고 뛰어다니는 작은 꼬마 아이의 모습을 볼 수가 있었다. 눈을 딱 뜨고 나서도 벤치에서 한참을 울었다.

쉬운 일들이 아니었다. 한 달이 넘게 걸렸다. 하지만 끝내 나는 색을 입은 아이를 볼 수가 있었다. 후에는 이제 현재를 살아가고 있는 나를 챙기기 시작했다.

'이러다 말겠지' 식으로 감정을 놓아버리는 게 아니라 감정을 알아차리기 위해 스스로 나 자신을 자꾸 돌아봤다. 감정을 그저 바라보지 않고 말을 걸었다. 화가 날 때는 "왜 화가 났어?", 기분이 이유 없이 좋지 않을 때는 "기분이 나쁘네. 왜 이런 걸까?", 우울할 때에도 "뭐 때문에 이렇게 울고 싶어?"라고 물음을 던졌다. 기분이 좋을 때는 유지하기 위해 입꼬리를 올려 웃는 상태를 유지했다.

앞으로 살아가면서 평생 함께할 누군가는 바로 나 자신이다. 그런 나를 방관하지 말고 어떤 상태에 머물러 있는지 자주자주 들여다보자. 자기 자신을 가만히 내버려두기만 한다면 그 어떤 상황도 나아지지 않음을 이제는 알고 가자. 자신을 가만히 두고 바라본다고 해서 그 상태가 멈추지 않는다. 그렇다고 좋은 방향으로 흘러가지도 않는다. 그러니 안일하고 무책임한 태도를 지니지 말고 내 인생의 주인공인 나를 위해 책임감을 느끼며 나를 챙기도록 하자.

06

내가
쓸모없다는 기분

많은 사람이 누군가를 부러워하고 닮고 싶다고 느낀 적이 있을 것이다. 나도 누군가를 보며 '저런 사람처럼 되고 싶다.'라고 느낀 적이 여러 번 있었다. 특히 자신이 해야 할 일을 명확히 아는 사람이 가장 부러웠다. 자신이 할 수 있는 일, 잘하는 일, 해야만 하는 일을 딱딱 알아서 해내는 사람이 너무 대단해 보였다.

그런 사람이 되고 싶은 마음에 고민한 적이 있다. 내가 할 수 있는 일, 잘하는 일, 해야만 하는 일에 대해서 질문을 던지며 답을 찾아내려 했다. 하지만 나는 답을 찾지 못했다. 무거운 추가 위에서 짓누르는 느낌으로 인해 바닥과 딱 붙어 일어날 힘조차 없던 내게서 나오는 말들은 온통 부정적인 것들뿐이었기 때문에 답을 알아낼 수가 없었다. 머릿속에서 '나는 안 돼.'라는 말이 가득히 차서 맴돌고 있으니 할 수 있는 일에 대한 답은 나오지 않았다. 게다가 버틸 목표도 없고 특출난 재능도 없다는 자기 객관화를 통해 잘하는 일, 해야만 하는 일에 대한 답도 나오지 않았다.

남들은 각자 맡은 일들에 대해 최선을 다하며 하루하루를 살아가는데 내가 할 수 있는 거라고는 누워 있는 것밖에 없으니 초라하기 그지없었다. 아무런 답도 나오지 않는 상황에서 자존감은 내려갈 수 있는 바닥의 최대한까지 내려갔다.

아무것도 못 하는 사람이 되어버리니 죄책감은 덤인 듯했다. 더는 내려갈 수 없을 것으로 생각했던 자존감은 땅을 뚫어 지하로 내려가는 느낌이었다. 어디에 버려두어도 아무도 주워갈 거 같지 않은 존재라는 느낌이 강하게 들었다.

'요즘 쓰레기는 재활용도 되는데 나는 재활용도 되지 않는 그런 최악의 쓰레기.'

'삶을 살아갈수록 자원을 낭비하는 주범.'

이런 생각들이 머릿속에 가득 찼다. 도대체 왜 태어난 건지 몰랐다. 밤마다 공포감에 휩싸일 때마다 어차피 이럴 거라면 사라지게 해달라는 소원을 빌었다. 아무에게도 도움이 되지 못하는 존재, 하물며 가족의 단물만 쪽쪽 빨아먹는 존재처럼 살아가게 할 거라면 없어지는 편이 나았다. 공포감과 두려움에 져버리는 나라는 사람은 존재하지 않는 편이 세상에 더 이득인 것처럼 보였다.

삶을 살아가기 위해서는 돈이 필요하다는 걸 알아서 무섭고 두려워하던 아르바이트를 시작했다. 이런저런 아르바이트를 하면서 사람을 대하는 게 괜찮아질 수도 있을지 모른다는 기대를 품기도 했다. 하지만 몇 년이 지나도 사람을 만날 때의 내 심장은 덜덜 떨리기만 했다. 돈을 벌기 위해서 꾹 참는 수밖에 없었다. 아르바이트를 다녀오고 나면 울었다. 그리고 다음 날 다시 가고 또 와서 울고를 매일 반복했다. 울 힘도 없을 때는 1시간이고 2시간이고 방문을 닫고 바로 앞에서 뜬 눈으로 가만히 누워만 있기도 했다.

아르바이트하는 곳에서는 정신을 붙잡아야 한다는 생각으로 쭉 버티고 있다가도 가끔은 심장이 떨리는 걸 넘어서서 머리가 어지러웠고 토할 거 같았다. 손을 시작으로 몸 전체가 떨려왔다. 하지만 고객 응대는 해야 했고 직원분과도 아무렇지 않게 작은 대화를 나누어야 했다. 그리고 주어진 일은 마치고 퇴근해야 했다. 그러기 위해서는 버티는 수밖에 없었다. 심호흡하고 눈을 질끈 감았다가 뜬다. 마른침을 여러 번 삼킨다. 주먹을 쥐었다가 편다. 괜찮아지지 않지만 괜찮다고, 나는 괜찮다고 수시로 속삭인다. 그렇게 있다 보면 퇴근을 할 시간이다. 집으로 걸어오는 길에 몸이 축 처진 상태로 있다가 집에 들어오면 구석진 곳을 찾아 들어갔다.

사람들을 만나는 게 무섭고 무언가를 하는 게 두려운 나는 앞으로 어떻게 삶을 살아야 하나 싶었다.

세상에 필요하지 않은 존재인 것 같이 느껴졌다. 어릴 적부터 들었던 말에 의하면 사람은 세상에 태어난 이유가 있다고 했다. 세상을 위해 무언가를 하기 위해서 태어났다는 말을 들었다. 하지만 아무리 생각해도 나는 세상에 쓸모없는 존재였다. 신이 잘못 떨군 아이 같았다.

죽고 싶다는 생각도 하고 때로는 시도를 하려 했다. 하지만 매번 겁에 지고 말았다. 죽을 용기가 없으면 선택지는 하나뿐이었다.

'살아가는 것'

살아가는 방법을 몰랐다. 사실 지구상에 존재하는 79억이 넘는 인구 중에서 방법을 알고 있는 사람은 많지 않을 것이다. 하지만 그런데도 사람들은 하루하루 살아간다. 자신을 현재보다 더 나은 사람으로 성장시키기 위해 노력을 한다. 나는 그 사실도 깨닫지 못했다. 그래서 할 수 있던 거라고는 흘러가는 시간에 몸을 맡기고 가만히 있는 것뿐이었다. 그렇게 살다가 부모님께서 곁을 떠나실 때, 같이 떠나는 게 목표였다.

하루하루를 그런 마음으로 아무것도 하지 않으며 보내던 중에 눈에 책장의 한 면이 눈에 들어왔다. 그 면에는 포스트잇이 붙어 있었다. 포스트잇에 인쇄된 내용을 바라봤다. 그리고 나는 울어버릴 수밖에 없었다.

'살아야만 한다. 살아가야만 한다.'

항상 우울한 마음에 지쳐 울다가, 혹은 힘없이 축 처져 있다가 움직일 힘이 날 때면 원래 있던 포스트잇을 떼고 인쇄한 포스트잇을 붙이는 게 습관인 적이 있었다. 방탄소년단이 2020년 UN 연설을 했을 때의 말이 옆에 붙어 있던 걸 보면 일 년 정도 지난 듯했다.

내가 나에게 살아야 한다고 직접 말을 해주는 느낌이었다. 과거의 나는 살고 싶어 했다. 현재의 내가 느끼는 감정을 그대로 느끼지 않기를 바라는 마음에 썼다. 하지만 나는 그걸 또 잊어버렸다. 그게 너무 미안했다. 마음을 다시 먹은 과거의 나에게 미안한 마음이 들었다.

쓸모없는 존재라며, 죽어도 괜찮은 존재라며, 사라져도 아무도 모를 존재라며 스스로 이야기하고 있었을 때, 그러면 안 된다고 말을 해주는 듯한 것이 느껴졌다. 내가 나에게 살아 마땅한 존재라는 걸, 살아 있는 것만으로도 충분한 존재라는 걸 알려주는 느낌이 들었다.

故 신해철 님의 〈우리 앞의 생이 끝나갈 때〉라는 노래의 가사를 보면 이런 말이 있다.

'흐르는 시간 속에서 질문은 지워지지 않네

우린 그 무엇을 찾아 이 세상에 왔을까

그 대답을 찾기 위해 우리는 홀로 걸어가네'

사람은 누구나 왜 이곳에 태어났는지 한 번쯤 고민한다. 내가 부러워하던 사람들처럼 각자가 해야 하는 일을 찾아 행하는 사람이 있을 것이고 모르지만 무모하게 도전하는 사람도 있을 것이다. 그리고 나처럼 스스로 자신을 갉아먹으며 아무것도 하지 않은 채 좌절하는 사람도 있을 것이다. 이들 모두 삶의 목적에 대해 고민을 해본 적이 있을 것이다.

삶의 목적을 분명히 알고 태어난 사람은 세상 그 누구도 없다. 살아가면서 깨닫게 되는 것이지. 나도 여전히 내가 왜 이곳에 태어났는지 알지 못한다. 하지만 그냥 믿기로 했다. 내가 이 세상에 도움이 되는 무언가를 할 수 있는 사람이라는 것을. 그리고 인정하기로 했다. 우리가 사는 삶은 우리가 태어난 답을 찾기 위한 여정이라는 것을.

당신도 나와 같이 자신이 쓸모없다고 느꼈던 사람이었거나 삶의 목표가 없어 갈피를 잡지 못하는 사람이라면 그저 믿어 보고 인정하자. 당장 답을 알 수는 없지만 결국 세상에 보탬이 되는 멋진 사람이 될 거라는 것을 말이다. 그리고 그 여정 위에 서 있는 중이라는 것을.

자기 자신을 믿고 인정할 수 있는 사람이라면 결코, 쓸모없는 존재가 아니다. 그리고 우리는 모두 자신을 지지해줄 수 있는 사람이라는 점을 잊지 말자.

07

나는 해도
안 될 사람

무슨 일을 시작하기 전에 먼저 머릿속 계산기를 두드리는 사람이 있다. 성공 확률과 실패 확률을 각각 따진다. 그리고 선택한다. 이런 사람의 특징은 자신의 한계를 단단하게 정해놓는다.

현실적으로 보았을 때, 쉽게 성공할 수 있는 일에는 오랜 고민 없이 바로 도전을 한다. 하지만 아주 조금이라도 어렵거나 무모해 보이는 일에는 지레 겁을 먹고 못 할 거라 단정한다. 그리고 그것이 여러 차례 반복이 되면 아주 작은 일에도 망설이고 주저하게 된다.

'안 된다'라는 말을 어릴 적부터 자주 들었다. 비싸서 안 된다. 위험해서 안 된다. 재능이 없어서 안 된다. 성격이 그러니까 안 된다. 국한된 누군가가 아닌 다수에게서 그러한 말들을 들으며 자라왔다. 이런 소리를 자주 들었기 때문인지 언제부턴가 무슨 일을 하기 전에 꼭 계산을 해봐야만 했다. 작게 시작한 생각은 어느새 점점 확장되더니 끝을 머릿속으로 그려봐야 했다. 생각의 끝을 맺는 시간이 너무 길었기에 가끔은 기한이 지난 적도 있었다. 초반에는 기한이 지나 아쉬운 적도 많았다. 그리고 스스로 자책하게 되는 일도 많았다. 하지만 시간이 어느 정도 흐르니 기한을 놓쳐도 괜찮았다. 미련도 없는 듯했다.

시간을 길게 끌어 생각한 끝에는 아이러니하게도 늘 좋은 생각으로 끝이 난 적이 없었다. 분명 질질 끌어온 만큼 합당한 결론이 나야 할 텐데, 나의 결론은 늘 초라했다. 스스로 자신에게 안 된다는 말을 곱씹어 알려줄 뿐이었으니 말이다.

안 된다는 말과 할 수 없다는 말을 듣고, 또 그걸 자신에게 말을 하다 보니 어느샌가 그렇게 굳게 믿게 되었다.

보컬을 배우고 싶다는 마음을 먹었을 때, 겨우겨우 엄마를 졸라 학원에 다니게 된 적이 있었다. 피아노와 함께 보컬을 배우기 위해 첫 달 냈던 금액만 60만 원이 조금 넘었다. 나를 포함한 자식이 세 명이나 있었고 게다가 집안 환경이 좋지도 않았다. 그런데 오로지 내게만 매번 60만 원을 투자하기에는 금액이 너무 큰 돈이었다. 계속 고민하고 고민했다. 돈이 크다는 생각에, 엄마께서 또 고민을 안고 힘들어하실 거라는 게 눈에 선하게 그려졌다. 배우고 싶었던 것이었지만, 하는 동안 기쁘지 않았다. 그러니 당연히 제대로 하지도 않았다. 곰곰이 생각하다가 두 달 정도만 다니고 그만 다니기로 결정을 내렸다.

이 패턴이 계속 반복되었다. 다니고 그만두고 또 미련이 남아 다니기를 세 번 더 반복했다. 세 번을 반복하는 동안 뭐라도 나아진 게 있더라면 차라리 덜했을까 싶다.

노래를 부를 때 가장 중요한 건 자신감이다. 하지만 내게는 자신감이 없었다. 늘 어깨가 말려 있고 고개를 푹 숙이고 있었다. 레슨을 받을 때도 다를 건 없었다. 그리고 다음으로 중요한 게 힘이라고 생각을 한다. 특히 배에 힘이 들어가야 소리도 잘 나오는데 그러지도 못했다. 늘 목소리가 덜덜 떨렸고 음정은 당연히 다 틀렸다. 배에 힘이 들어가지 않아 늘 목소리에 맥아리가 없었다. 삑사리는 덤이었다. 이런 태도로 다니니 나아지는 게 없는 건 너무 당연한 결과였다.

스스로에 대한 문제점은 알고 있었다. 다만 인지하지 못했다. 고쳐야 했는데 그러지 못했다. 그리고 늘 부정적인 결론을 내렸다. 나는 할 수 없고 될 수 없는 사람이라고. 이런 내가 어떻게 될 수 있겠느냐고 하지 못할 거라고 못을 박아버렸다.

나중에 심리학이 배우고 싶어졌을 때도 스스로에게 이런 말을 건넸다.

"너 공부 못하잖아."

"못 갈 텐데?"

내 안에서 자꾸 들려오는 부정적인 목소리에 부정할 수가 없었다. 그저 고개를 끄덕이며 네 말이 옳다고, 그렇다는 답 말고는 낼 수 있는 게 없었다. 이미 남들과 비교해 뒤처질 대로 뒤처진 공부를 따라잡을 수 없다는 생각이 자리 잡고 있었다.

고등학교 3학년 때, 이런 나를 탈피해보겠다고 공부를 하려고 시도한 적이 있었다. 같은 반이었던 친구가 공부에 대해 불안과 걱정을 드러냈던 내게 한번 해보자며 응원을 해준 적이 있었다. 그 친구의 응원을 품고 열심히 하려 했다. 물건을 쌓아두기만 하던 책상을 치우고 앉아 5시간, 10시간을 앉아 있기도 했다. 가끔은 2시간, 3시간 정도만 잔 적도 있긴 했다. 하지만 그것도 얼마 가지 못했다. 패턴은 금방 원래대로 돌아왔다.

어차피 못 할 거라는 생각과 함께.

'말하는 대로 말하는 대로 될 수 있다곤 믿지 않았지 믿을 수 없었지
생각한 대로 할 수 있단 건 거짓말 같았지 고개를 저었지'

TV 프로그램 〈무한도전〉 '서해안 고속도로 가요제'에서 나온 노래, '처진 달팽이(유재석&이적)'가 부른 〈말하는 대로〉이다. 한 달이 넘는 시간 동안 그 어떤 가요도 듣지 않고 있다가 샤워를 하려고 한 달만에 플레이

리스트를 틀어놓았을 때 들려온 노래이다. 샤워하던 중에 들려온 노래의 가사가 마음을 쑤시고 들어와 주저앉아 울어버렸다.

'믿을 수 없었지'라는 가사에서 수없이 나 자신에게 안 된다며 고개를 세차게 흔들었던 게 생각이 났다. 못할 거라고, 나 따위는 결코 할 수 없을 거라고 못을 박은 게 생각이 났다. 사실 그전까지 인지하지 못했다. 내가 나에게 할 수 없다는 말을 전하고 있다는 사실을. 그저 나는 왜 못한다는 생각밖에 들지 않는 건지 한탄만 했을 뿐, 스스로 나 자신에게 직접 말을 하고 있단 사실을 깨닫지 못했다. 처음 알게 되는 순간이었다. 오랜 시간 동안 나 자신에게 가장 많이 한 말이 무엇인지.

'말하는 대로' 노래를 듣고 난 후에 삶에서 스스로 나 자신에게 저지른 가장 큰 잘못이 무엇인지 깨닫게 됐다. 나에게 잘못된 믿음을 심어주었다는 점이다. 여태 할 수 없다는 말을 혼자 있는 시간에 수없이 내뱉었다. 자주 속으로 생각했다. 아무렇지 않게 시작한 생각이 끝에는 자책감으로 인해 끝도 없이 돌고 돌았다. 그리고 그 생각들은 정말 아무것도 할 수 없는 사람이 되어 있었다.

이 사실을 깨달았을 때, 나는 이 생각을 너무 바꾸고 싶었다. 하지만 오래 끌어왔던 태도를 단번에 바꾸는 것은 굉장히 어려운 일이었다. 숨이 턱턱 막히고 다시 불안함이 스멀스멀 자리를 잡았다. 그렇지만 이대로 지속할 수는 없는 일이었다. 그때 이후에 긍정 확언, 자기암시를 사람들이 한다는 걸 알게 됐다. 그리고 나 자신에게 확언 몇 개를 녹음해 들려주었다.

사람이 참 신기한 게 긍정적인 말을 들으면 적어도 그 순간만큼은 무엇이든지 다 할 수 있을 거 같은 자신감이 조금씩 올라온다. 그리고 몸 안에 도는 에너지가 달라진 듯함을 느낀다. 물론 나는 그 지속이 길지는 않았다. 자주 듣고 따라 말을 하다 보니 점차 지속 기간이 길어졌다.

현재의 나는 정확히 내가 어떤 미래에 있을지는 모른다. 하지만 확실한 믿음이 하나 생겼다.

'나는 어떤 일을 하더라도 잘될 사람이다.'

어차피 살아야 하는 인생인데 이왕이면 내가 잘되는 방향으로 흘러가는 게 삶이 더 재밌을 테니 말이다.

나는 과거에는 할 수 없다고 믿었다. 그리고 정말 할 수 없는 사람이 됐다. 하지만 이제는 뭐든 할 수 있고 될 수 있다고 믿는다. 솔직히 말하면 무언가를 도전하기에 앞서 두렵기도 하고 무섭기도 하고 고민도 된다. 하지만 현재의 나는 그런 감정으로 인해 물러서지 않는다.

조금 두렵고 무서우면 어때, 내가 할 수 있다고 믿고 될 수 있다고 믿은 이 시점부터 잘 될 운명이고 길이 열렸는데. 나로 살아가는 소중한 나의 한 번뿐인 인생, 이왕이면 하고 싶은 거 다하고 누릴 거 다 누리면서 풍요롭게 살다가 가야 하지 않겠나.

　프랑스 18대 대통령인 샤를 드골은 이런 명언을 남겼다.
　"할 수 있다고 믿는 사람은 그렇게 되고, 할 수 없다고 믿는 사람 역시
그렇게 된다."
　자, 앞으로 당신은 어떤 마음으로 인생을 살아가고 싶은가? 과거에 정
체되어 여전히 못난 인생을 살아갈 거라고 믿을지, 과거를 조금씩 터는
연습을 시작하고 앞을 바라보며 풍요로운 일상을 살아갈 거라고 믿을지
는 당신의 선택에 달려 있다.

당신의 과거는

당신의 미래가 아니다

3장

01

인간은 누구나
완벽하지 않다

'게으른 완벽주의자'에 속하는 사람이 많다. 게으른 완벽주의자란 뭘까? 일을 시작하기 전에 장대한 계획을 세우고 고민하는 것에 시간을 쏟다가 결국 실행하지 못하고 미루는 사람을 말한다. 간략히 나쁘게 말을 한다면 누워서 고민만 하다 시간을 허비하는 사람을 말한다.

게으른 완벽주의자들은 생각은 많다. 하지만 가장 중요한 '행동'이 부족하다. 이것저것 따지고 재는 것에 지칠 대로 지쳐 실행하지 못한다는 것이다.

TV 예능 프로그램 중 하나인 〈대탈출〉에서 강호동 님께서 하신 말씀이 있다.

"생각이 적으면 인생에서 실수하고 생각이 너무 많으면 인생에서 실패한다."

분명 우리는 인생에서 실수를 줄이기 위해 생각을 한다. 머릿속으로 시뮬레이션을 그려본다. 어떤 게 가장 현실적인지, 어떤 방법으로 접근해야 하는지, 최선의 결과는 어떤 것인지 머릿속으로 계산을 하나하나 다 때려본다. 하지만 이 계산의 끝, 결과는 결국 '0'이 된다. 단순히 머릿속의 생각으로만 그쳤을 뿐이기 때문이다. 그렇게 되면 자신이 하고자 했던 일에 어떤 실수도 하지 않고 행동도 하지 않았지만, 그 하나의 선택을 하지 않았기 때문에 실패한 인생이 되어버린다. 성공이든 실패든 그 어떤 경험도 하지 않았기 때문에 얻는 게 하나도 없기 때문이다.

인간은 시행착오를 겪으며 자신을 발전시킨다. 성공했다면 옳은 방향이라 여기며 같은 방법을 다시 적용해볼 수 있다. 그리고 자신이 맞았다는 확신과 용기를 심어주게 된다. 실패했다면 조금 더 나은 방향이 없는지 찾아보고 행하게 될 것이다. 자신에게 맞는 게 어떤 건지, 최적의 결과를 내기 위한 최고의 선택은 어떤 것인지 한 번 더 고심해보고 시도를 한다. 그렇게 끝에 이루어진 성공은 달콤함을 안겨주고 뿌듯함을 선사해줄 것이다.

이것들을 맛보고 얻기 위해서는 무엇보다 행동, 실천력이 중요하다.

하지만 생각이 많으면 행동을 하기에 앞서 부정적인 감정을 크게 느끼게 된다. 그러면 이미 시도를 하지 않았지만, 실패한 듯한 좌절감이 들어 물러나게 된다. 때론 생각이 많으면 시기를 놓쳐서 하지 못하게 되는 경우들도 무수히 많다. 마음의 준비도 끝냈고 어떤 방향으로 나아가야 할지 선택을 했지만 이미 그 시기는 한참이나 지나버렸다.

나도 항상 그런 삶을 살았다. 어떤 일을 하기 전에 머릿속으로 계산기를 두드렸다. 계산기를 다 두드리고 나면 끝에는 할 수 있다는 긍정적인 마음보다는 부정적인 마음이 차올랐다. 이불을 끌어당겨 머리끝까지 덮으며 나는 못 한다는 말을 수없이 외쳤고 되뇌곤 했다. 만약에 실패한다면? 실수한다면? 그 후를 보자니 차라리 하지 않는 편이 나았다.

내 앞길을 두고, 나아가야 하는 선택지를 두고 불안함에 벌벌 떨기 이전부터 나는 그랬다. 학교에서 간단히 하는 발표, 조별 모임에서 조장을 맡는 것, 학예회에서 내가 하고 싶은 것을 하는 것 등 이런 사소한 것 하나하나 계산기를 두드렸다. 누가 나를 비웃는다면? 내가 실패한다면? 삑사리가 난다면? 넘어진다면? 등 어쩌면 실제로는 일어나지 않았을 일을 상상하곤 했다. 그리고는 결국 정말 아무것도 하지 않았다.

스페인의 초현실주의 화가 살바도르 달리는 "완벽에 도달하려 하지 마라. 너는 절대 그곳에 도달하지 못할 것이다."라는 말을 남겼다.

사실 그렇다. 완벽함을 앞세우긴 하지만 세상 그 어떤 누구도 정말 근사치가 0에 가까울 정도로 완벽함을 뽐내지는 못할 것이다. 어떤 일을 할 때 하나의 실수도 없이, 실패도 없이 완벽이라는 구간에 도달할 수는 없다.

어찌 보면 다행스러운 말이다. 나뿐만 아니라 다른 이들도 모두 그러한 과정을 겪으며 실수를 할 수 있다는 말이니까. 다른 이가 실수하는 걸 원한다는 말이 아니다. 다른 이들도 실수하듯이 나도 실수할 수 있다며 유연하게 넘기자는 것이지.

내가 봤을 때는 내가 짜놓은 계획들이 완벽할지 몰라도 남이 봤을 때는 허점투성이일지도 모른다. 이 길로 가면 괜찮겠다고 생각한 것이 어쩌면 더 험난한 길일지도 모른다. 이 길로 가지 않는 편이 낫겠다고 생각한 것이 더 쉬운 길이었을지도 모른다.

사실 당신도 느끼고 있을 것이다. 불안하고 무서워 도피했던 길이 내 마음의 안정을 찾을 수 있던 길이라고 믿었지만, 장기적으로 이어온 결과, 아니었다는 사실을 말이다. 이 길은 감정을 더욱 요동치게 만들고 정말 아무것도 할 수 없게 만드는 길이었다.

실수하고 실패할까 두려웠던 그 마음들로 인해 뒷걸음질을 치고 도망갔던 나의 과거를 모조리 모아 불태워버리고 싶을 만큼, 되감기 버튼이 있다면 처음부터 끝까지 모든 걸 되감아버리고 싶을 만큼 세상 그 무엇보다 불안정한 길이었다. 후회라는 공기가 가득한 길 위에 덩그러니 있는 나는 실패와 실수가 묻어 있는 길보다 더 큰 실수를 범했음을 시간이 한참이 지나서야 깨닫게 됐다.

 인간은 시행착오 없이는 자신을 발전시킬 수 없다. 자신에게 맞는 길이 어떤 것인지 확실히 알기 위해서는 많이 겪어봐야 한다. 자신의 입맛에 맞는 게 어떤 것인지 알기 위해서 아주 소량이라도 입에 대어보는 것처럼, 자신에게 맞는 것인지는 직접 행동에 옮겨봐야 한다.
 그 길에서 내가 실수를 하고 좌절을 하고 실패를 하게 된다고 해도 가지 않은 것에 비해 더 많은 깨달음을 얻게 될 수 있다.

 인간은 그 누구도 완벽하지 않다. 정말 완벽하고 멋있다고 느끼게 되는 무대 위의 가수들조차도 무대를 하는 동안에 긴장감을 놓지 않는다. 이 무대를 위해 몇 주, 더 나아가서는 몇 달 동안 애를 쓴다. 그렇게 완벽에 가까운 상태를 만들었지만, 그날 어디서, 어떻게 자신이 실수를 저지르게 될지 모르기 때문에 긴장의 끈을 놓지 못한다.
 모두가 이렇게 살아간다. 불안하고 두려운 마음은 우리가 삶을 살아갈 때 떼어놓을 수 없는 감정이다. 이걸 어떻게 이겨내고 극복할 수 있는지, 우리가 살아가면서 어떻게 헤쳐나가야 하는지가 문제이다.
 이왕 두려움과 불안함을 끌어안고 살아가야 하는 삶이라면, 처음부터 끝까지의 계획을 다 세운 후에 지쳐 누워서 고민하는 삶을 살기보다 무계획이더라도 일단 가보는 삶을 살아보는 건 어떨까?

학교 과제를 교수님께 피드백을 받는 시간이 있다. 다른 애들이 한 결과물에 비해 내가 한 결과물은 객관적으로 봤을 때 못한 편에 속한다. 그래서 공유 드라이브에 올리거나 화면에 띄워질 때면 심장이 떨릴 때가 많다. 어떤 말을 들을지 몰라 긴장되고 손에 땀이 절로 난다.

하지만 교수님께 피드백을 한 번 받고 나면 이상하리만큼 마음이 편안해진다. 내가 고쳐야 할 부분이 어디인지 확실하게 보인다. 내가 미처 생각하지 않았던 부분을 한 번 더 신경 쓸 수 있게 된다.

실수해도 괜찮다. 실패해도 괜찮다. 가볍게 생각해보자. 실수와 실패는 인생이라는 프로젝트에 대한 피드백일 뿐이라고. 물론 피드백을 받기 전이 가장 떨린다. 하지만 피드백을 받고 난 이후에는 마음이 한결 편안해진다. 내가 가야 할 방향성을 깨닫기 때문이다. 그럼 우리는 그 피드백을 바탕으로 더 나은 결과물을 만들어내는 것처럼, 실수와 실패를 바탕으로 더 나은 삶을 만들어가면 된다.

마음이 우울한 건
내 잘못이 아니잖아요

"인간은 사회적 동물이다."라는 아리스토텔레스가 남긴 유명한 말을 모르는 사람을 없을 것이다. 우리는 관계를 맺고 살아간다. 사람들 속에 섞여 살아간다. 사람들 틈에 살아가면서 우리는 누가 시키지 않더라도 자연스럽게 터득하는 것이 있다. 바로 '감정 통제'이다.

혼자서만 살아가는 세상이 아니다 보니 자신의 감정을 다 드러내기보다 어느 정도 통제하며 살아가는 게 도움이 된다. 갑자기 이유 없이 기분이 나쁜 날이 있다. 그럴 때마다 만나는 사람 모두에게 자신의 기분을 다 드러내며 다른 사람의 기분 또한 나빠지게 만들 수는 없으니 말이다. 우울도 마찬가지이다. 나의 우울로 인해서 다른 사람이 같이 우울함에 빠져들게 해서는 안 되니 어느 정도의 통제는 해야 한다.

하지만 여기서 문제는 자신의 감정을 통제하는 것이 아닌 숨기려고 들 때 발생한다. 우리 중 대다수는 타인의 시선을 의식하며 살아간다. 그렇다 보니 최대한 상대방에게 좋은 모습만을 보이려 애를 쓴다. 그렇다 보니 내 감정 상태를 신경 쓰는 것보다 타인의 감정을 먼저 살피게 되는 경우들이 종종 발생한다. 내가 원하는 것보다 남이 무엇을 원하는지가 더 중요할 때가 있다.

어릴 적의 난 항상 마음이 초조했다. 늘 불안했다. 울고 싶은 마음이 가득한 사람이었다. 하지만 티를 낼 수는 없었다. 초등학교 들어가기 전, 한 사람의 약점 또는 자신들의 마음에 안 든다는 이유로 학원 차 안에서 아이들이 누군가를 헐뜯던 모습이 기억이 선명했다. 돈이 없어 학원비를 내지 못했을 때도 한숨을 내쉬며 인상을 찡그리신 선생님의 표정이 잊히지 않았다. 그래서 학교생활을 시작하면서부터 나의 감정이나 상황을 숨기려 애를 많이 썼다. 누군가에게 욕을 먹는 게 싫었다. 그리고 누군가가 나의 상황을 알고 뭐라 한마디를 덧붙이는 것도 싫었다. 그래서 모든 걸 숨기는 걸 택했다.

현재 나의 감정 상태를 살피기보다 다른 사람의 표정을 보고 그 사람의 감정 상태가 어떤지를 먼저 판단하기 시작했다. 판단이 끝이 나면 눈에 거슬리지 않기 위해 최대한 행동을 조심했다. 또 누군가가 말을 하고 그 말에 남들이 터지면 나도 같이 웃는 걸 배웠다. 누군가가 화를 내면 옆에서 들어주고 받는 걸 터득했다.

학창 시절에는 다른 친구들이 뒤에서 누군가를 험담하는 걸 들을 때가 종종 있었다. 그럴 때면 내가 했고 배웠던 건, 친구들이 험담하는 그 친구의 행동을 따라 하지 않는 것이었다. 문제가 있다는 사실은 전혀 인지하지 못했다. 사실 철이 없던 그 아이들은 단순히 그 친구가 마음에 들지 않아 이런저런 이유를 핑계로 끌어내리고 싶은 것이었다. 그런데 당시 어렸던 나는, 겁이 많았던 나는 그걸 알지 못했다. "나댄다.", "왜 맨날 입던 옷만 계속 입고 와?", "머리 떡졌어.", "행동은 왜 저래?", "왜 저렇게 웃어?", "쟤네 집 돈 없나 봐." 등의 말을 들으며 그럼 '나는 저렇게 보이지 않아야지.'라는 생각을 하곤 했다.

누군가의 말 한마디로 휘둘리는 삶을 살면 안 된다는 사실을 왜 몰랐던 걸까. 누군가를 깎아내리기 위해서는 큰 이유가 존재하지 않았다. 외적인 모습뿐만 아니라 친구가 곤란에 처한 상황에도 욕을 하는 애들도 있었다. 마음 아픈 일이 있어 눈물을 보이는 친구에게도 왜 질질 짜냐며 비아냥거리는 아이도 있었다. 그런 비아냥이 귀에 들어오게 될 때면 느꼈다. 누군가에게 고민도 말해서 안 되고 우는 모습을 보여서도 안 된다고 말이다. 꾸역꾸역 참기 시작했다. 창피함을 느끼든 속상함을 느끼든 말로라도 아니라고 하는 방법을 연습하기 시작했다.

현재 느끼고 있는 감정과 밖으로 표현하는 감정에 괴리감이 생겼다. 나는 울고 싶은데 자꾸 웃게 되었다. 감정이 자꾸만 뒤틀린다. 너무 초조하고 불안해서 금방이라도 울상을 짓고 싶은데 입꼬리가 미세하게 떨리며 올라간다.

말을 나누는 친구들 틈에 섞여 가만히 있으면 제대로 집중이 되지 않았다. 머리가 멍했다. 들리는 것들도 잘 없었다. 리액션 기계가 된 듯 입에서는 무의미한 독립어가 나올 뿐이었다.

이 모든 행동을 보내고 나면 지쳐왔다. 초등학생 시절이 지나고 중학생이 되었을 때는 집으로 돌아오는 버스 안에서 눈물이 날 때가 많았다. 이런 우울한 감정을 느끼면 안 되는데 자꾸 느끼게 되는 스스로가 너무 미워졌다.

"정신력이 약해서 그런 거야. 너무 약해."라는 말을 듣고 자랐다. 내게 하는 말일 때도 있었고 아닐 때도 있었다. 이런 말을 들을 때면 울어서도 안 되고 우울감을 느껴서도 안 되는 거라는 생각이 자꾸만 들었다. 원해서 느끼는 감정이 아닌 것에 이런 말을 들을 때면 내가 정신력이 약한 게 잘못인 건가 싶었다. 사실 이게 정신력이랑 무슨 상관이 있는 건지에 대한 의구심이 제일 컸다.

어릴 적의 말과 몇십 년처럼 오래 살지도 않았지만 반복해서 듣고 느끼다 보니 내가 잘못된 사람인 것처럼 느껴졌다. 창문 밖에 보이는 사람들은 모두 삼삼오오 모여 웃고 있는데 그 모습이 여간 부러운 게 아니었다. 나는 삼삼오오 모여 있으면 입 하나 움직이기 위해 수많은 생각을 했다. 이런 내가 한심했기 때문에 더욱 부러움이 컸다. 다른 이들은 너무 편해 보여서.

이런 감정을 느끼는 게 결국은 통제를 제때 하지 못한 내 탓이라는 생각이 너무 컸다. 그리고 남을 위해 내 감정을 숨기려 애를 썼다. 잘못한 것도 없는데 마치 잘못한 것처럼 급급하게 숨기려 들었다. 이런 생각을 하는 내가 처절하게 싫었다.

우리는 인간으로서 타인과 함께 살아가는 존재이다. 감정을 어느 정도 조절할 수 있는 능력을 갖추고 있다. 그리고 그걸 맞게 사용한다면 정말 좋은 무기이자 방패가 된다. 하지만 그러지 못해 감정을 이유 없이 상대방에게 퍼붓거나 너무 급급하게 숨기려 든다면 이건 오히려 자신에게 독이 된다.

그걸 나는 몰랐다. 그저 그게 살아남는 방식이라고 생각했다. 하지만 내가 숨겼던 감정들은 나를 살게 하지 않았다. 내가 살기 위해 택했던 방법은 오히려 독이 되어 나를 죽이려 들었다. 내가 잘못한 것도 아닌데 죄지은 것처럼 눈치를 보았다.

우리는 감정을 느끼며 살아가는 동물이다. 그러니 감정을 느끼는 것은 당연하다. 고로 우리가 감정을 느끼는 것에는 잘못이 없다. 내가 느끼는 것에 죄책감을 가질 필요가 없다는 말이다. 자신이 아닌 다른 사람의 시선에 따를 필요가 없다는 말이다. 물론 어느 정도의 감정 조절 능력은 필요하겠으나 모든 걸 다 숨길 필요는 없다.

다수의 사람은 기분이 좋거나 행복함을 느낄 때는 마음껏 웃고 표현을 한다. 그러나 자신이 우울할 때는 표현을 거둬버린다. 남을 위한 일일 수도 있다. 그런 표현을 하는 것이 어색해서 그런 걸 수도 있다. 하지만 표현하지 않고 가만히 둔다면 곪아버릴 수가 있다.

내가 우울한 건 내 잘못이 아니다. 의지가 약해서가 아니다. 정신력이 약해서 우울함이 찾아오는 게 아니다. 사람이니까, 당연하다. 이유 없이 찾아올 수도 있고 외부적인 스트레스로 인해 찾아올 수도 있다. 당연한 일임을 기억하고 살아가자.

나는 힘들었다. 많이 지쳤다. 나의 감정을 통제하는 것만으로도 매우 벅찼다. 그런 하루의 끝에서 고생했다고, 일의 끝에서 잘 버텨냈다고 위로를 전해주지 않았다. 오히려 이런 나의 감정 상태에 불만을 느꼈다. 다른 사람도 아닌 내가 나를 다그치고 탓하기 시작했다. 꼭 내가 모든 걸 잘못했던 것처럼 말이다.

그러나 나는 안다. 내가 우울한 감정을 느끼고 무기력함을 느끼는 것은 잘못되지 않았음을 말이다. 감정을 알아채고 자신에게 꾸준히 말해줘라. 너는 우울할 수 있다고. 괜찮다고. 화내지 말고 자책하지 말아라. 그리고 무시하지도 마라. 참 희한하게도 내 감정을 내가 알아채고 괜찮다고, 그럴 수 있다고 말을 건네면 감정이 수그러진다.

충분히 울고 자신을 달래주자. 마음이 우울한 건 당신의 잘못이 아니고 언제든 찾아올 수 있는 것이다. 하지만 그 후는 당신에게 달려 있다.

당신은 감정을 마음껏 표현해도 되는 사람이며 자신의 감정을 소중히 여기고 달랠 줄 아는 사람이다.

03

의지가 아닌
감정의 문제

"정신력이 약해서 그런 거야."

"네 의지가 약해서 그런 거야."

살아오면서 이와 같은 말을 들어본 적이 있는가? 혹은 스스로 "나는 의지가 약해서 저렇게 못 해."라는 말을 내뱉은 적이 있는가?

혹여나 그런 행동을 현재라도 하고 있다면 그런 행동을 당장 멈춰라. 듣게 되는 경우가 있다면 그 말을 곱씹는 행동도 하지 마라. 당신은 의지가 약한 것도 정신력이 약한 것도, 그 어디에 속한 것도 아니다.

무언가를 하기에 앞서 두려운 마음이 들 때가 가장 많다. 하지만 아주 가끔은 행동이 앞서 나갈 때가 있었다. 이럴 때면 한참 그 행동을 하던 중간에 두려움이 커지기 시작했다.

스무 살의 끝에 커뮤니티 사람들을 만나 프로젝트를 진행하던 적이 있었다. 노래를 부르고 싶다는 마음을 접었다고 늘 느끼고, 못 할 거라는 생각이 머릿속에 가득 들어차 있긴 했지만, 한편으로는 하고 싶었던 것인지도 모르겠다. 학창 시절 못 할 거라는 마음으로 가득하였지만, 사람들에게 드문드문 삶을 포기한 나의 마음을 숨기고 싶어 입 밖으로 내뱉던 게 꿈이 되긴 했었던 듯했다.

지역별로 모여 공연을 하는 프로젝트였다. 내가 살고 있던 지역에서도 같은 꿈을 가진 사람 몇몇이 모여 연습실 대관을 하고 노래를 부르고 춤도 같이 춰보기 시작했다.

처음 신청할 때는 아무런 생각도 하지 않은 채 무턱대고 시작했었다. 하지만 시작하고 나니 점점 두려움이 차올랐다. '나는 노래도 못 부르고 춤도 못 추는데 괜찮을까?', '어차피 안 될 텐데 괜히 신청한 게 아닐까?', '내가 피해만 끼치는 사람이면 어쩌지?', '그냥 포기할까.', '역시 나는 아닌 거 같아…'라는 생각이 머릿속을 떠다녔다.

하지만 이미 곡은 정했고 춤도 조금은 딴 상태였다. 이제 와서 빠진다고 하기에는 같이 하는 팀원들에게는 너무 미안한 행동이었다. 그래서 어떻게든 해보려 애를 썼다. 집에 와서는 베란다에서 구두를 신고 춤을

쳤다. 음이 올라가지 않았지만, 소리를 내질러보기도 했다. 연습실에서는 같이 하는 팀원들이 올라갈 수 있도록 배에 힘을 더 주라고 말을 해주기도 하고 옆에서 음도 맞춰주었다. 그렇게 시간이 흘러 흘러 서울에서 공연했다.

너무 긴장된 나머지 음 이탈이 났다. 춰보지도 않던 춤을 췄던 거라 실수도 많이 했다. 하지만 중도 포기하지 않고 목표였던 공연을 하긴 했다.

프로젝트 참여 이전의 나는 항상 포기를 일삼던 사람이었다. 엄마께서 최근 들어 하시는 말씀이 있다. "너는 너무 포기가 빠르다." 겉으로 삐지고 툴툴거리기도 했지만 나는 전적으로 동의를 한다. 나는 무언가를 시작하면 너무 겁이 나고 무서워서 직진하는 것 대신 탈주를 선택했다.

공부해야겠다고 다짐을 하다가도 나는 저 친구들처럼은 못 한다는 마음으로 공부를 놓았다. 나처럼 노래를 부르는 사람이 되고 싶다던 꿈이 있던 친구가 있었다. 그 친구는 언제나 당당했고 심지어는 노래를 잘하기도 했다. 그러나 나는 그 친구와 달리 용기도 없고 남 앞에 설 수 없을 거라는 생각으로 멀리서 지켜보는 걸 택했다.

살이 많이 쪘던 학창 시절에는 살을 빼야겠다고 다짐을 했었다. 하지만 쉽게 빠지지 않는 살에 또 그대로 두는 걸 택했다. 시간이 점차 흘러 밥을 제때 챙겨 먹지 않게 됐을 때도 밥을 좀 챙겨 먹어야겠다는 마음이 들긴 했지만, 내가 챙겨 먹을 만큼 소중하지도 않았고 굳이 챙겨 먹어야 할 이유가 없어서 먹지 않았다.

이 모든 행동을 놓을 때 공통으로 하던 생각과 감정이 있다. '나는 못 해, 못 할 거야.' 그리고 두려움과 불안함이었다. 실패를 앞서 생각하는 사람이었다. 공부, 다이어트, 챙겨 먹기 등은 별 큰 용기가 필요한 일들도 아니었다. 하지만 나는 내가 다시 원상태로 돌아갈 거라고 미리 장담을 했다. 그리고 그 상황이 왔을 때 내가 느낄 좌절감을 먼저 느꼈다. 그걸 느끼고 나니 두려움과 불안함은 따라왔다.

그래서 프로젝트에 참여하고 두려움과 불안함이 따라왔을 적에도 '중도 포기를 할 수도 있겠구나. 그럴 바에는 지금 그만 두는 게 모두에게 낫지 않을까.' 생각하기도 했다. 당시 같이 진행했던 사람들이 좋은 사람들인 탓도 있었지만, 이왕 하는 거 그래도 끝까지 한 번은 가보자는 생각 덕에 쭉 진행할 수 있었다. 그리고 완료를 할 수 있었다. 이때 내가 느꼈던 감정은 사실 불안함도 있긴 했으나 다 같이 노래를 부르고 춤을 춘다는 것에 조금 더 즐거웠던 감정이 앞섰다. 그래서 좋은 결과를 얻지 못했지만 그래도 그 끝에 나도 같이 있을 수는 있었다.

그 일이 있고 난 뒤에 삶이 변한 건 없었다. 똑같이 좌절했고 똑같이 포기했다. 그러다 문득 엄청난 불안감이 지독하게 찾아와 나를 괴롭히던 때에 '성공', '동기 부여'와 같은 말들이 나오는 영상들을 보기 시작했다.

다른 여느 영상들과 마찬가지로 그냥 중간에 보다가 또 잊히고 같은 삶을 살아가게 될 거 같다고 생각했다. 물론 돌아가고 싶지 않았고 이렇게 살고 싶지 않다는 마음이 가장 컸음에도 불구하고 그간의 행적들로 그런 판단을 했다.

하지만 참 신기하게도 나는 그런 영상들을 찾아보는 것을 7개월이라는 시간을 쭉 이어 하고 있다.

그리고 무엇보다도 지금 내가 쓰고 있는 이 책도 중도 포기하게 되면 어쩌나 하는 불안감이 있긴 했다. 그냥 돈을 내는 것으로 끝이 나면 어떡하나 했다. 하지만 나는 과제로 인해 새벽에 잠을 청하는 날이 많음에도 불구하고 지속해서 쓰기 위해 노트북과 핸드폰을 잡는다.

밖으로 나가 걷는 것도 작년만 해도 고작 이틀, 많아봤자 3일이 최대였던 나는 7개월 넘는 시간 동안 홀로 나가 산책을 즐긴다.

이렇게 꾸준히 하게 된 데에는 뭔가 다른 게 있는 게 아니다. 갑자기 의지가 왕창 생겨 행하는 것도 아니다. 이런 것들을 할 때 느끼는 감정 하나를 바꾸려고 애를 썼고 바꿨을 뿐인데 이것들을 꾸준히 실천할 수 있게 됐다.

바로 그건 못 할 거라는 두려운 감정을 '즐거움'으로 바꾼 것이다. 밖으로 나가 공기를 마시고 느껴야 살 수 있을 거 같다는 생각이 들었을 때도 나가는 걸 망설인 적이 있다. 지나다니는 사람을 마주하는 것조차 버거

왔기 때문에 뒤로 물러나려고 했었다. 하지만 그때마다 스스로 '할 수 있다!'를 되뇌고 "재미있다."라는 말을 중얼거렸다. 그러다 보니 나가는 것도 자연스러워졌다.

가고 싶지 않았고 가기 무서웠던 대학을 가게 됐을 때, 아침에 가끔 버거운 마음이 들 때가 있었다. 그리고 내가 생전 공부하지도 않던 새로운 전공이다 보니 너무 벅차기도 하고 스스로 못났다는 마음이 들 때도 재밌다는 말과 즐겁다는 말을 번갈아 되뇌니 이상하게도 쭉 이어서 하게 됐다. 지금은 과제를 하는 것도 나를 한 단계 발전시켜주는 것이라고 믿으며 엎고, 엎고 또 엎긴 하지만 즐겁게 하려 한다.

책을 쓰는 것 또한 중간중간 막힐 때도 있고 학교 과제와 아르바이트로 인해 시간을 벌 수 없게 됐을 때 촉박하고 초조한 마음이 들기도 하지만, 이마저도 지금이기 때문에 느낄 수 있는 것이라며 재미있는 인생이라 생각하며 쓴다. 그러다 보니 글을 쓰는 건 꾸준히 하는 게 좋겠다는 마음이 더 차오른다.

우리는 의지가 약한 게 아니다. 무언가를 지속할 수 있는 즐거움이 없으므로 하려고 했던 것에서 중도 하차를 할 뿐이다. 무언가 꼭 끈기 있게 꾸준히 이어나가고 싶다면 자신이 하는 일에 즐겁다는 감정을 깊게 느끼는 게 어떨까?

자신에게 즐겁다고 억지로 주입하라는 게 아니다. 이걸 함으로써 내게 어떤 발전과 성장을 가져다줄지를 찾아보라는 것이다. 그럼 그렇게 성장했을 나를 떠올리게 된다. 그리고 어느 순간 즐겁게 그 일을 해내는 당신을 발견할 수 있을 것이다.

04

오늘부터 새로
시작하면 됩니다

2019년에 'MZ세대'라는 신조어가 생겼다. MZ세대는 1980년대부터 2000년대에 태어난 이들을 말한다. 이들은 개인의 행복을 우선시하는 경향이 있다. 현재 혹은 미래의 자신의 행복을 위해서라면 그 어떤 것이든 과감히 투자하는 성향을 지니고 있다. 즐거움을 추구하고 변화에 민감하게 반응한다.

나도 MZ세대에 속하는 사람이다. 하지만 나는 같은 시대에 태어난 다른 이들을 보며 놀란 적이 많다. 나는 또래와 달리 나의 행복을 먼저 생각해본 적이 없던 사람이었다. 그렇다고 해서 다른 이의 행복을 먼저 생각한 적도 없다. 그냥 현재 내가 행복함을 바라기보다 '언젠가는 행복해지겠지.'를 바란 사람이었다. 그래서 나를 변화시키기 위해 어떤 큰돈을 투자해본 적도 거의 없었다.

하지만 이런 나와 달리 또래들은 자신들의 행복을 중시하는 모습을 많이 볼 수 있다. 좋아하는 것에는 과감히 시간과 돈을 아끼지 않는다. 그렇게 스스로 만족과 행복을 위해 움직이는 삶을 산다.

게다가 미래를 위해 재테크에도 관심이 많다. 내가 아는 재테크라고는 저축밖에 없었다. 하지만 나와 달리 다른 또래들은 주식, 암호화폐 등에 관심을 가진다. 그리고 SNS나 유튜브로 재테크에 대해 더 다양한 지식을 얻는다. 그리고 죽이 되든 밥이 되든 한 번 시도해본다.

게다가 이들은 변화를 대하는 태도가 유연하다. 새롭게 도전하는 것에 스스럼이 없다. 앞뒤를 생각하기 전에 먼저 덤벼든다. 그리고 실수하면 다른 방법을 찾아 다시 시도한다. 한 번 발을 담갔다가 자신과 맞지 않는다고 느껴지면 빠르게 발을 빼고 다른 일을 찾아 시도한다.

나는 다른 사람은 어떻게 살아가고 있는지에 대해 별 관심이 없던 사람이었다. 하물며 내가 보고 있는 세상이 전부라고 생각하던 시야가 좁은 사람이었다. 그런 내가 또래가 어떻게 살아가는지에 대해 관심을 두게 된 지는 얼마 되지 않았다.

혼자 있는 공간에 틀어박혀 지내다가 문득 주변에 몇 남지 않은 사람들이 무얼 하고 있는지 곰곰이 생각해봤다. 일 년에 한두 번 만나는 게 고작이라 친구들이 무얼 하는지 자세히 알지는 못했다. 하지만 대충 알 수가 있었다. 졸업한 친구, 이미 오래전에 취업한 친구, 자퇴하고 다시 학교에 다니는 친구, 새로운 시도를 시작한 친구, 자신의 꿈을 위해 두 번째 학교에 간 친구, 자신을 위해 휴학을 하고 계획을 세워 가는 친구가 있었다. 주변 친구들을 한 번 보고서 덜컥 겁이 났다. 나는 고등학교 졸업 이전보다도 못한 삶을 살아가고 있는데, 다른 친구들은 지금보다 더 나은 삶을 위해 살아가는 모습을 보며 걱정이 되기 시작했다.

나와 같은 선택을 한 사람은 없을까, 나와 같은 상황에 부닥친 사람은 없을까 싶어 인터넷을 마구 뒤지기 시작했다. 하지만 그런 사람은 없었다. 다들 어디서 무언가를 하던 사람들이었다. 다들 가만히 정체된 삶을 살아온 사람들은 없었다. 나와 같은 선택을 한 사람들도 간혹 보이긴 했으나 그들은 어쩔 수 없는 선택이었다. 자신이 할 수 있는 가장 최선을 택했던 사람들이었다.

겁이 나던 마음이 더 크게 요동치기 시작했다. 어떻게 살아가야 할지 더욱 갈피가 잡히지 않았다. 다른 친구들이 하는 걸 따라 하자니 지금 당장 내가 하고 싶은 게 없어서 시도할 수가 없었다. 변화에 유연하게 대처하는 내 또래들을 따라 하려고 하니 뭐라도 했었어야 변화를 할 수 있든 말든이었다.

막막했다. 아무것도 할 줄 모르는 사람이었다. 무능한 사람이었다. 내세울 만한 재능이 없었다. 잘하진 않더라도 꾸준히 해서 보여줄 수 있는 어떤 실력도 없었다. 머리를 굴리고 또 굴려도 할 수 있는 게 없었다.

밤마다 갑갑한 현실에 숨통이 조이는 듯했다. 죽을 용기는 없으니 살아야 했다. 살아가야만 했다. 그런데 무얼 해야 할지 몰랐다. 이걸 부모님께 말씀드릴 수도 없었다. 초조한 마음은 자꾸 올라왔다.

이런 마음이 나아지기는 할 수 있는 걸까, 평생 간직한 채로 살게 되는 건 아닐까 불안했다. 남들이 하는 것처럼 취업이나 대학을 생각했다. 어떤 쪽으로 취업을 해야 할지 고민도 해봤다. 대학을 갈 거라면 어느 과를 가야 할지 재보기도 했다.

예전에 원하던 과를 가야 할지 아니면 새로운 곳을 가야 할지 말이다. 하지만 막상 진짜 어딘가라도 갈 생각을 하니 또 두려움이 엄습했다. 이런 나를 보고 있자니 내가 불안하다고 여겼던 마음이 현실이 될 것만 같았다.

내 마음이 참 간사하다는 걸 느끼게 됐다. 불안하다고 생각한 삶을 살았지만 정말 깡그리 다 모른 척하며 삶을 살았을 때는 괜찮았다. 하지만 막상 현실을 마주하고 나니 괜찮지 않았다. 하루하루가 지옥에 떨어진 듯했다. 그래서 지나가는 사람도 마주하는 게 힘들어 나가지 않았던 산책을 하루도 빠짐없이 나가기 시작했다. 이 지옥에서 벗어남을 느끼기 위해서. 하루라도 빠지면 그게 너무 힘들었다. 물론 다시 원래대로 돌아가려고 하긴 했으나 그러면 안 된다는 마음으로 잡았다. 내가 이렇게까지 해야 하나 싶을 때는 걸으며 앞을 보는 대신 풍경을 봤다. 그리고 계속 중얼거렸다. 예쁘다고.

그러다 보니 정말 풍경이 평소에 보던 것 이상으로 예뻐 보이기 시작했다. 그리고 또 지치게 될 때쯤에는 풍경을 구경하는 게, 걸으면서 생각을 정리하고 마음을 새로 먹는 게 너무 재미있다는 말을 또 여러 번 되뇌었다.

현실을 마주하고 나니 심적으로 도망갈 수도 없다고 느꼈다. 그렇게 전에는 어떻게든 피하고 싶어 도망갔던 마음이, 이제는 어떻게든 현실을 바라보고 바꾸기 위해 움직이려 들었다. 결과는 나쁘지 않았다.

밖에 나가 걷기를 시작하면서 이런저런 생각들이 많이 들었다. 마음을 긍정적으로 먹으려고 좋은 말을 스스로 많이 했다. 물론 몇 시간 가지 않을 거라는 것을 알았고 집에 가면 감정이 금방 돌아올 거라는 것을 알았지만 멈추지 않았다. 그러기를 몇 달 반복하고 나니 신기하리만큼 긍정적인 생각을 많이 하기 시작했다.

그리고 문득 깨달았다. 벌어진 나의 모든 행동은 선택으로 인해 벌어진 실수이자 실패작이었다는 것을. 수많은 선택지가 있었고 그중 하나를 골랐다. 그리고 그게 최선인지 아닌지는 모르지만, 최악은 아닌 것이 너무도 분명하다는 사실을 알게 됐다. 아직 내가 살아 있으니 말이다.

'시작'이라는 건 항상 거창해야 한다고만 생각했다. 보통 사람들이 시작하기 위해 정하는 날짜가 있다. 새해, 달의 첫날, 첫 주의 시작, 자신이 좋아하는 요일 혹은 숫자, 생일 등 의미가 더해지거나 세기 쉬운 날을 선택한다. 그럼 그에 따른 새로운 시작도 정말 대단한 것이어야만 한다고 생각을 했다. 하지만 시작이라는 건 거창하지 않아도 됐었다.

집 안에 갇혀 있던 삶을 청산하기 위해 밖으로 꾸준히 나왔을 때, 문득 이런 생각이 들었다. '이게 나의 시작이구나. 삶의 시작이겠구나.' 어떤 날을 꼭 잡아 그때부터 시작이기를 바랐던 과거와 달리 현재 그냥 이 시점에서 그렇게 느끼면 되는 거였다.

시작하기에 적절한 날이란 건 없었다. 시작을 위한 어떤 일의 크기도 상관이 없다. 그냥 내가 하고 싶은 마음이 들었을 때, 그때 바로 몸을 움직이면 된다. 그럼 그게 나의 또 다른 시작이다.

작심삼일로 끝을 내는 경우가 많았다. 그래서 나는 못 할 거라는 생각들로 가득 차서 시작을 두려워하고 실행하지 않았다. 하지만 이제는 안다. 내가 언제 시작했고 언제 끝을 내버렸는지는 중요하지 않다는 것을 말이다. 그저 내가 다시 도전할 수 있다는 사실에 감사하며 전보다는 하루만이라도 더 실천할 수 있도록 하면 된다는 것을 말이다.

멈춘 상태로 있었다고 좌절하지 말고 오래 계속해서 이어가지 못하고 중도 포기했다고 다그치지도 말자. 우리는 오늘 다시 일어날 수 있고 시작할 수 있다는 점을 기억하자. 우리에게는 아직 해낼 수 있는 날이 남았다는 것에 감사하며 다시 도전하고 새로 시작하면 된다.

05

사소한 문제일지도
몰라요

지구만 한 몸집을 가진 거대한 거인이 내 앞을 막고 있을 때처럼 무서워질 때가 있다.

어떤 일을 위해 한 발자국 나서는 게 죽기보다 힘들 때가 있다. 심장이 벌벌 떨린 채, 못난 내 모습만 상상하며 자신을 주저앉게 만드는 경우들이 있다.

그리고 이미 벌어진 일에 압도되어 괴로울 때가 있다. 머리를 꽁꽁 싸매고 고민을 해본 적도 있다. 마구잡이로 아무 신이나 입에 올리며 빌어본 적도 있다.

나는 성격이 정말 내향적인 사람이다. 근데 거기에 자존감도 낮았다. 어딘가에 갇혀 있고 싶어 하던 성격이 정말 심했던 사람인지라 누구 앞에 나서는 걸 좋아하지 않았다. 피할 수 있다면 무조건 최대한으로 피해보는 게 더 낫다는 생각을 했던 사람이었다.

학창 시절을 지내다 보면 앞에 나가 발표를 하게 되는 경우들이 종종 있다. 나는 사람들 앞에서 입 한마디를 떼는 것도 하지 못한 사람이었던지라 그런 발표 시간이 늘 곤욕이었다. 게다가 나는 공부도 잘하지 못하던 사람이었다. 문장에 담긴 의미를 이해하기 위해서는 그 문장을 곱씹으며 며칠을 보내야 할 만큼 머리가 잘 돌아가지도 않던 사람이었다.

고등학교 1학년 때, 영어 선생님께서는 우리에게 영어 지문을 해석하고 문장구조를 분석하게 하셨다. 번호순으로 두 명씩 짝지어서 한 명은 영어 문장을 읽고 한 명은 해석하고 분석을 말하는 순으로 진행을 했다. 내가 해야 하는 날이 점점 다가올수록 심장이 조여가는 게 느껴졌다. 당시 나는 영어의 문장 구조를 제대로 분석할 줄도 몰랐다. 그러니 당연히 해석도 할 줄 모르는 사람이었다. 이런 내가 다른 친구와 함께 발표해야 한다는 생각에 정말 불안해 미치는 줄 알았다.

오지 않기를 바랐던 발표날은 당장 다음 주였다. 그래서 우리에게 주어진 부분에 관해 인터넷 검색도 하고 EBS도 뒤적거렸다. 참고서를 사서 마구 뒤지며 필기를 했다. 솔직히 적으면서도 왜 이게 이렇게 되는지

도무지 이해가 가지 않는 부분들이 훨씬 많았다.

발표날이 되고 같은 반 친구와 부분을 정해 발표를 했다. 사실 뿌듯한 마음이 더 크긴 했지만 허무한 마음도 있었다. 발표 전에는 내가 해야 하는 발표 시간이 엄청 거대하고 크게 느껴졌다. 하지만 막상 지나고 보니 마음이 안정되는 게 별것도 아닌 것만 같았다.

이외에도 무작위로 친구들이 골라 영어 해석을 하게 되거나 선생님 지목으로 앞에 나가 수학 문제를 풀게 된다거나 했던 부분들 모두 하기 전에는 죽어도 하고 싶지 않다는 마음이 강해 입술이 바짝바짝 타들어 갔지만, 막상 겪어보면 늘 별것이 아니었다.

괴롭고 힘든 일도 마찬가지로 느껴질 수 있다. 트라우마로 남은 기억을 치유하는 데에는 사람에 따라서 오랜 시간이 걸릴 수도 있고 생각보다도 짧은 시간이 걸릴 수도 있다. 하지만 결국 그 시간을 지나고 돌이켜 보면 생각보다 그 시간이 있었기 때문에 지금의 내가 존재할 수 있었던 거라고 느껴질 수 있다.

나는 지난 집안의 환경이 끔찍이 싫었다. 돈이 없어서 싫었다기보다는 어딘가에서 불쑥 터지는 '불행'이 싫었다. 물론 내가 처음 본 시작은 가난이었다. 가난하더라도 충분히 만족하고 행복하게 사는 사람들도 분명 존재할 것이다. 하지만 적어도 난 그러지 못했다.

풍족하진 않더라도 부족하다고는 생각하지 않고 산 사람들이 있을 것이다. 조금 부족했더라도 이만하면 괜찮다고 생각한 사람들도 있을 것이다. 나도 딱 그 정도만큼이라도 되기를 바랐다. 늘 싸움의 연속이었다. 바깥의 상황들도 언제 터질지 몰랐지만, 집안의 환경은 늘 그랬다. 다들 한껏 예민했다. 작은 일 하나라도 발각이 되는 순간, 그날부터 며칠 간은 조마조마한 심장을 붙들고 겨우 살아가는 삶이었다. 서로 이해하며 하루하루 살아가기를 바랐다. 하지만 그러지 못했다.

가난에서 비롯된 것인지 몰라도 시간이 점차 더 흘렀을 때는 좋게 말하고 넘길 수 있었던 것들도 그럴 수 없게 된 순간들이 많았다. 오고 가는 말은 애초에 존재하지 않는 말이기를 바란 적도 많았다.

그 후로 시간이 더 흐르고 나도 많이 자라게 됐을 무렵에는 가난이 문제가 아니었다. 그 외의 것들이 내게는 아주 큰 상처를 남겨주었다. 이미 자라오면서 한 마디 한 마디를 쉽게 넘기기보다는 나쁜 말은 꼭 끌어안은 채 스스로 곱씹는 행동을 하는 게 버릇이 되었다. 나를 포함한 모두가 아무렇지 않게 하는 행동과 말들로 인한 상처가 곳곳에 남아 있었다.

상처를 한 번 건드려보려고 하는 날에는 책상 밑으로 들어가 몸을 바들바들 떨었다. 보는 사람도 없는 방에 혼자 숨어 있었는데도 굳이 굳이 책상 밑으로 들어가서는 의자로 앞까지 모조리 다 막아야 했다. 마음이 편해서 그런 행동을 했던 것은 아니었다. 그러나 그래야만 할 거 같았다.

종일 집에 있던 날이든, 아르바이트하러 다녀온 날이든, 친구를 만나고 온 날이든, 어떤 날이든 상관이 없었다. 불안함은 언제나 내 곁을 맴돌았다. 나는 이기지 못했을 뿐이었다.

세상에 존재하지 않는지도 모를 신을 아주 많이 원망했다. 왜 내 소원은 단 한 번도 들어주지 않는 건지. 내가 바란 화목과 행복이 그리도 어려운 것이었는지. 그토록 나는 스스로가 불행하다고 느꼈다.

'에이핑크'의 메인보컬 정은지 님의 노래 중 〈하늘바라기〉라는 노래가 있다. 아버지와의 추억이 담긴, 아버지께 드리는 노래라고 알고 있다. 이런 곡의 설명과 별개로 나는 항상 그 노래를 따라 부를 때면 눈물이 나 울먹이는 구간이 있다.

'가장 큰 하늘이 있잖아 그대가 내 하늘이잖아

후회 없는 삶들 가난했던 추억 난 행복했다

아빠야 약해지지 마 빗속을 걸어도 난 감사하니까

아빠야 어디를 가야 당신의 마음처럼 살 수 있을까'

이 가사를 항상 볼 때마다 '나는 왜 저런 마음을 느끼지 못하고 늘 어둡고 침침하기만 할까?', '저런 말을 하는 사람의 마음은 도대체 어떤 감정일까?' 하고 궁금했다. 나는 평생 알지 못하는 문장일 것만 같았다. 하지만 그런 내 생각의 틀을 깨고 내게 저 가사가 와닿는 순간이 찾아왔다.

명상을 시작하고 긍정 확언을 듣기 시작하고 강연을 듣기 시작하고 책을 쓰기 시작하는 이 모든 과정에서 서서히 알게 됐다. 내가 겪었던 그 순간들이 없었더라면 내가 명상을 시작하지 않았을 거라는 것을, 이렇게 마음을 정리할 수 있도록 책을 쓰는 순간도 오지 않았을 것을 말이다. 그리고 이렇게까지 할 수 있던 것이, 나도 그 순간들이 참 힘들었고 많이 울었고 이미 지칠 대로 지쳤지만, 그런데도 아무도 우리를 포기하지 않았기 때문이라는 사실을 깨달았다. 그 덕에 웃는 순간이 존재했다는 걸 인지하기 시작했다. 그리고 내가 가족과 함께 있는 순간들을 좋아한다는 사실도 알 수 있게 됐다.

사소하다고 말하기에는 개인마다 가진 아픔이 다르기에 조심스럽다. 하지만 그런 아픔들이 결국 나를 좋은 방향으로 끌어줄 수 있다면 그건 결국 사소한 문제가 된다. 내가 성공으로 가는 그 여정에서 겪을 수밖에 없던 수많은 사건 중의 하나 정도로 말이다.

당신이 지금 말 못 할 정도로 아프고 괴로움 속에서 하루를 겨우 버티며 살아가고 있다면 전해주고 싶다. 그건 결국 다 지나가는 나날들일 뿐이라고. 그 시간이 모여 더 나은 당신을 만들어낼 것이라고.

지나고 나서 본 나의 과거는 흉터를 만질 때처럼 문득 생각이 나긴 하지만 아프지는 않다. 결국, 지금을 위한 일이라고, 앞으로 벌어질 더 큰 성공과 화창한 앞길이라고 생각을 하고 나니 별일이 아닌 것처럼 느껴진다. 요즘 가끔 감정이 다시 쓰라릴 때쯤에는 혼자 중얼거리는 말이 있다.

"더 좋은 일이 오려고 이러나 보다!"

이렇게 말을 뱉고 나면 생각 이상으로 마음이 편안해진다. 물론 이만큼 와닿기까지 나도 엄청 많이 의식하고 입 밖으로 내뱉었다.

당신이 겪고 있는 문제도 지금은 힘들지만 결국 별일이 아니게 될 것이다. '해가 뜨기 전 새벽이 가장 어둡다.'라는 말이 있다. 당신의 그 일도 결국 당신의 창창한 앞날을 더욱 빛내기 위해 일어나는 일 중의 하나일 뿐이다. 마음에 와닿지 않는다면 그냥 당신도 속는 셈 치고 '좋은 일이 얼마나 들어오려고!'라고 자주 뱉어보자. 그럼 정말 별일이었던 게 별일이 아니게 되는 날이 분명 올 테니까 말이다.

나도 꽤
괜찮은 사람입니다

당신은 당신을 어떻게 바라보고 있는가? 긍정적으로? 아니면 부정적으로? 앞서 내 이야기를 보았다면 당신은 내가 나를 생각하는 자세가 얼마나 부정적이었는지 알았을 거다. 그 생각들이 얼마나 오래 지속되었는지도. 그러나 나는 지금의 내가 꽤 괜찮은 사람이라고 느끼고 있다.

나는 내가 못난 이유만을 찾으려 노력했다. 내가 왜 할 수 없는지에 대한 이유를 자꾸 찾으려 했다. 부정적인 것에 초점을 맞추었다. 그런 내가 스스로 나 자신을 괜찮은 사람이라고 바라보는 일은 쉽지 않았다. 스스로 좋게 보기 위해서는 나에 대한 긍정적인 면을 발견해야 했다. 하지만 발견하는 건 어려웠다.

억지로 '나는 괜찮은 사람이야.'라는 말을 되뇌었다. 그런데 그때마다 떠오르는 건 '도대체 어디가?'라는 질문들이었다. 머릿속을 도는 그 질문에 답을 찾을 수가 없어서 나는 자꾸만 헤맸다. 생각하면 할수록 스스로 나 자신의 부정적인 면만 되새김질하는 것만 같아 힘이 쭉 빠졌다.

나는 샤워를 할 때마다 노래를 듣는 습관이 있다. 그래서 샤워를 하기 전에 한 곡을 정하거나 플레이리스트를 정한다. 신곡보다 주로 학창 시절에 많이 들었던 곡들을 위주로 정하는 편이다.

여느 하루와 다를 거 없이 노래를 정하고 샤워를 하던 날이었다. 그때 선택한 곡이 'BEAST(현 하이라이트)'의 데뷔 앨범에 수록된 〈Oasis〉라는 곡이다. 말없이 듣기도 하고 따라 부르기도 하며 위로를 받는 샤워 시간을 보냈다. 그러던 중 갑자기 소꿉친구가 했던 말 한마디가 생각이 났다.

"어떻게 10년 동안 같은 사람을 좋아할 수가 있어? 대단하다."

번뜩이듯 머릿속에 생각이 난 말에 꽂혔다. 쉽게 사람을 좋아하고 쉽게 질려 하는 사람들의 수가 적지 않다. 이것을 덕질을 하며 느끼게 되었다. 나는 그런 사람들과 달리 10년이라는 시간 동안 쭉 좋아하는 연예인이 있다. 쭉 잘되기를 바라며 응원하는 연예인이 있다. 나는 누군가를 오래 좋아할 줄 아는 사람이었다. 나는 누군가를 응원할 줄 아는 사람이었다. 그리고 그들을 위해서 울 줄도 아는 사람이었다. 나는 그들의 기쁜 사건들을 꼭 내가 겪은 일처럼 기뻐할 줄도 아는 사람이었다.

감정에 메마른 사람이 아니었다. 나는 드라마나 영화, 애니메이션 등을 보게 되면 주인공들의 감정에 이입해 기뻐하고 슬퍼할 줄 아는 사람이었다. 나는 다른 사람의 감정에 공감을 잘할 줄 알던 사람이었다. 생각이 여기까지 미치기 시작할 때, 나의 부정적인 뇌는 '그건 다른 사람도 똑같은 거 아냐? 그게 뭐. 그게 왜.'라는 생각을 일으켰다. 나는 거기에 압도되고 싶지 않았다. 그래서 생각을 넘기려 눈을 감고 복식 호흡을 했다. 머릿속에 떠오른 그 생각이 하늘을 두둥실 날아갈 때쯤 나는 눈을 떴다. 그리고 나의 또 다른 작은 장점이라도 찾으려 했다.

나는 다른 사람의 이야기에 귀를 기울일 줄 아는 사람이었다. 학창 시절을 돌아보면 친구들의 고민을 들어주던 편이었다. 그게 어떤 고민이든 간에. 위로의 말을 잘 건네주지는 못했지만, 친구들의 이야기를 잘 들어줄 줄 아는 사람이었다. 여전히 나는 친구들의 이야기를 듣는 걸 좋아하는 사람이기도 하다. 누군가의 이야기를 들어주고 공감을 해줄 수 있다는 것, 이것도 하나의 장점이다.

고민이 생기면 내게 전화를 걸어 말을 해주는 친구도 있다. 나는 누군가의 곁이 되어줄 수 있는 사람이다. 사실 어릴 적에는 불만을 가진 적도 있었다. '왜 모두 나를 고민이 있을 때만 찾아오는 거야?', '왜 다른 사람한테 가진 불만을 나한테 털어놓고 가는 거야?'라는 어린 불만을. 하지만 지금은 내가 누군가의 그런 고민을 들어줄 줄 아는 사람이라는 건 좋은 점이라고 느낀다. 내가 소중하다고 생각되는 사람들이 짐을 조금은 덜 수 있을 테니 말이다.

나의 또 다른 장점은 다른 사람의 고민을 적당하게 받아들일 줄 아는 것이다. 도피하던 습관이 있기 때문인지 나는 누군가의 고민이나 불만을 다 받는 게 아닌 적당하게 받을 줄 아는 사람이다. 나의 문제가 아닌 다른 사람의 문제로 인해 앓는 일이 없도록.

누군가의 고민을 들었을 때, 신경을 아예 쓰지 않는다는 게 아니다. 선을 긋고 내가 할 수 있는 범주까지만 하는 거다. 어떤 문제에 대한 감정을 쏟아낸다면 가만히 들어는 주되 깊게 듣지는 않는 거다. 누군가와 이야기를 할 때 사실 나도 표정은 엄청 진지하게 짓긴 한다. 그러나 깊게 관여하지 않고 머릿속으로는 흘려보낸다. 또 다른 누군가가 같이 이야기 나누기를 원한다면 그에 대한 해결책을 같이 고민해주는 범위까지만 해주는 거다. 실행은 내 몫이 아닌 그 사람의 몫이니 맡겨두고.

"새는 알에서 나오려고 투쟁한다. 알은 세계이다. 태어나려는 자는 하나의 세계를 깨뜨려야 한다."

나는 헤르만 헤세의 『데미안』을 세 번 정도 반복해서 읽었다. 그런데 위의 구절이 이해가 가지 않았다. 인터넷에 검색하면 어떤 뜻인지 바로 나왔겠지만 검색하고 싶지 않았다. 이상하지만 하고 싶지 않았다. 그래서 따로 적어두고 계속 바라봤다. 몇 달이 지나고 나서야 알게 되었다. 한 사람이 새로운 세상으로 나오기 위해서는 편했고 안전했던 세상을 스스로 부수고 나와야 한다는 뜻이라는 것을.

안전하진 않았으나 정체된 나의 삶에서 나오겠다고 다짐을 했을 때, 나는 나의 장점을 발견했다. 내가 나를 위해 알에서 나오려 시도를 계속했다. 이번에는 도피를 선택하지 않았고 감정, 생각을 긍정적으로 흐르게 하려고 시도를 했다.

다섯 달이 넘는 시간 동안 하루도 빠짐없이 밖에서 시간을 보냈다. 오후에 4시간 이상을 걸었다. 저녁을 먹은 후, 나가서 하늘을 구경했다. 예전부터 한 번쯤은 혼자 가봐야겠다고 생각했었던 갓바위도 일주일에 한번 이상 올라갔다. 팔공산 정상도 보고 왔다. 의식을 바꾸기 위해 도서관에 가서 의식에 관련된 책을 빌려 읽기도 했다. 작심삼일을 석 달 동안 반복하긴 했으나 필사도 하고 오전에 산책도 했다. 사람이 무서워 가지 않으려 했던 대학도 등록해서 가게 되었다. 그리고 내가 앓았던 경험, 생각을 다 적지는 못하지만 비우고 나은 삶으로 향하기 위해 이렇게 책도 쓴다.

내가 나를 포기하지 않았다는 점, 나 자신을 지금보다 더 나은 삶으로 이끌려고 하는 이러한 행동을 해나갈 수 있는 사람이라는 것이 나의 장점이다.

나는 내가 항상 나약하다고 생각했다. 잘못 태어난 존재라고 생각했다. 곧 금방 사라져도 이상하지 않은 존재라고 느꼈다. 세상에 필요 없는 사람이라고 생각했다. 그러나 아니었다. 나는 세상에 잘못 태어난 존재도, 금방 사라져도 괜찮은 존재도 아니다. 나약한 사람도 아니다. 내가 자꾸 그렇게 생각하다 보니 그런 사람이 되었던 것이지, 모두에게 필요한 사람은 아니다. 하지만 누군가에게는 나도 필요한 존재이다. 특히 나는 나에게 가장 필요한 존재다.

나는 타인을 사랑할 줄 아는 사람이다. 어떠한 대가를 바라지도 않고 내어줄 줄 아는 사람이다. 받는 것보다 주는 걸 더 좋아하고 더 주지 못해서 아쉬워도 할 줄 아는 사람이다. 내 마음을 표현할 줄 아는 사람이다. 다른 사람의 말에 공감할 줄도 안다. 이야기를 들어줄 줄도 아는 사람이다. 인터넷 공간에서 얼굴도, 이름도 모르는 누군가에게 위로를 전할 줄 아는 사람이다. 응원도 남길 줄 아는 사람이다. 무엇보다도 이제 나는 나 자신을 좋은 방향으로 흐르도록 이끌 줄도 아는 사람이다.

　나를 괜찮다고 생각하는 나의 이유에는 거창한 것들이 없다. 만약 나와 같이 자신을 보이지도 않는 저 밑바닥으로 끌어내리고 있는 사람이 있다면 나처럼 자신의 아주 사소한 장점이라도 한 번 찾아보려 시도하기를 바란다. 그리고 꼭 그 장점들을 당신들이 발견하기를 바란다. 당신의 내면은 바라고 있다. 자신이 더 나은 존재라는 걸 알아봐 주기를. 그것만으로도 스스로 괜찮은 사람이라는 걸 깨달아 주기를.

07

인생에서 중요한 것은
살아 있는 것이다

지긋지긋한 현실을 끝내고 싶어 '죽음'을 생각한 적이 있다. 현재 느끼는 이 고통을 끝없이 겪어야 할 것 같은 느낌이 들 때가 항상 있었다. 그럴 때면 늘 이 감정을 평생 느낄 거 같으면 차라리 지금 이 자리에서 죽는 게 낫다고 여길 때가 많았다.

죽음을 생각할 때는 누구와 있든, 어떤 장소에 있든 상관이 없었다. 죽음을 끔찍이 무서워하면서도 죽는 당사자가 나인 상상을 종종 하곤 했다. 평생 느끼게 될지도 모를 이 고통, 그냥 딱 한순간만 아프고 평생 겪지 않는 편이 나았다.

최근 2022년 3월, 켈리 최 회장님의 '시각화 강연'을 들은 적이 있다. 그때 내가 죽어보는 경험을 하는 시각화를 했다. 실제로 죽는 것도 아니었고 이전에 계속 죽음을 생각했었기 때문에 나는 괜찮을 줄만 알았다. 죽은 내 모습을 보고, 그 이후의 상황을 영혼이 되어 지켜보더라도 아무렇지 않을 줄 알았다. 하지만 막상 경험해보니 그건 아니었다.

처참히 뭉개져 형체도 알아볼 수 없이 영안실로 들어간 모습을 바라보면서 나는 펑펑 눈물을 쏟고 있었다. 왜 이렇게 갔냐며 울고 있었다. 내가 죽은 줄 모르고 아무렇지 않게 일상을 보내는 부모님의 모습, 장례식장에 찾아온 가족과 몇 안 되는 친구의 모습을 지켜보았을 때 미안하다며, 아무것도 해주지 못해 미안하다는 말만 했다. 영정사진을 바라보며 그동안 갇혀 살았던 내 인생이 너무 안타깝게 느껴졌다. 뭐가 그리 무서워서 아무것도 하지 못하고 살았는지 안쓰러웠다. 그런 인생이 모여 남에게 기쁨 하나, 위로 하나 전달해주지 못하고 살았는지 참 바보같이 느껴졌다.

시각화를 끝내고 정신이 들었을 때, 컴컴한 방 안에서 불을 켜지 못하고 울었다. 다른 분들의 이야기를 들으면서도 마음이 주체가 되지 않았다. 실제 죽음이 아니었음에도 나는 이미 후회를 하고 있었다. 갇혀 살아 아무것도 하지 않았던 내 인생이 안타까웠다. 다른 사람의 눈치를 보며 맞추기 위해 시간을 허비했던 내 인생이 가련했다.

죽음의 문턱 앞에 서면 나는 과연 후회할지, 오히려 좋다고 생각할지 궁금했었다. 나는 큰 후회를 했다. 잡히지도 않는데 잡아보려 애를 쓰고, 안으려고 계속 시도하며 미안하다고 중얼거렸다. 아무것도 해주지 못해서, 이뤄내지 못해서 미안하다고. 남들 다 잘 나가는 모습 보여주고, 뭐라도 하는 모습 보여주는데 그러지 못한 채로 가서 아주 미안하다고. 나 자신에게 그리고 모두에게 미안했다.

죽음을 경험하는 시각화를 끝내고 눈을 떴을 때, '삶이 있는 한 희망은 있다.'라는 말이 생각이 났다. 고대 로마의 정치가이자 작가였던 키케로가 남긴 말이었다.

나는 변화를 원했다. 하지만 변화를 할 수 있을 거란 믿음이 없어 죽음을 원했다. 하고 싶어 하는 모든 걸 나는 못 할 것만 같았다. 실패만 하고 살 것만 같았다. 그래서 그럴 바에는 차라리 죽는 게 나을 것으로 생각했다. 그런데 죽음도 아닌 간접적으로 죽음을 체험했을 때의 나는 그간 행해온 나의 행동에 대해 후회를 했다. 왜 그렇게 못 할 거라는 마음을 가지고 살기만 했냐고 말이다.

삶이 있어서 변화를 바랄 수 있다. 그리고 변화를 이룰 수 있다. 나는 이제 막 변화를 시작하는 갓 올라온 새싹이다. 그래서 내로라할 만한 큰 업적이랄 건 없다. 하지만 작은 습관들이 달라지기 시작했다.

짜증과 화에 대해 감정을 통제하는 방법, 길을 가다 이기적인 사람들에게서 듣는 욕에도 현재 나의 잔잔한 감정을 유지하는 방법을 터득하게 됐다. 지나다니는 사람들을 마주하는 것도 힘들어 나가지 않던 것에서 벗어나 하루도 빠짐없이 걷기 운동을 한다. 미소를 짓고 난 후에도 무겁지 않은 입꼬리를 만들어낼 수 있었다. 기분이 좋지 않은 일이 일어나더라도 아무렇지 않게 넘기는 방법도 깨닫게 됐다. 잠깐 불안함이 찾아오고 두려움이 찾아오는 순간에도 그걸 무시하는 게 아니라 나에게 말을 걸 수 있게 됐다.

다른 누군가가 보기에는 아주 작은 것일지 몰라도 내게 있어 큰 변화다. 온종일 불안에 떨던 삶에서 평온함을 유지할 수 있는 삶을 살아갈 수 있게 됐으니 말이다. 평생 느끼지 못할 것으로 생각했다. 불안함을 안은 채 살아가게 될 거라고 여겼다. 하지만 그런 잘못된 믿음을 조금만 돌리니 새로운 변화가 찾아왔다.

'살아야만 한다.'라는 글이 새겨진 포스트잇을 잊어버리던 사람이 "살자"라는 말을 하게 되니 세상이 너무 아름다워 보였다. 항상 삶에서 행복을 느끼기 위해서는 거창한 이유가 필요하다고 생각했다. 사소한 것에도 행복을 느낄 수 있다는 점을 이해하지 못했다. 하루를 살아가며 아주 작은 미소를 짓는 일이 많다는 사실 또한 공감할 수가 없었다.

그렇지만 언제부턴가 갑자기 하루하루 내가 미소를 짓고 있다는 것,

웃음을 터트린다는 걸 알아차리고 나니 삶이 소중하다는 사람들의 말이 와닿기 시작했다. 아름다운 풍경과 계절의 변화를 보지 못하고, 앞으로 나아가지 못한 지난날의 과거가 안타깝게 느껴졌다. 혼자 방에 처박혀 그 좁은 공간만을 보며 엉엉 울었던 스스로가 안쓰러웠다. 내 행복보다 다른 이의 행복을 우선시했던 내가 참 안타까웠다.

이제는 살아 있기 때문에 우리 주변에 언제나 소소한 행복이 있다고 느낄 수 있다. 매일 소소한 행복을 발견하면서 긍정적으로 변화하는 나를 볼 수가 있게 됐다.

내일을 포기하려는 사람들에게 내일을 살아갈 수 있는 희망과 용기를 북돋아 주는 〈내일〉이라는 드라마가 있다. 이 드라마를 보며 매화마다 위로를 받았다.

"날씨가 좋아서, 날씨가 흐려서 오늘은 죽지 말아야겠다. 그렇게 시작해. 살다 보면 언젠가는 오늘을 위한 것이었나 보다, 깨닫는 순간이 찾아올 테니. 그러니 살아."

예전에 비슷한 말을 들은 적이 있다. 그 당시에는 '언젠가'라는 막연함이 싫어 그걸 어떻게 버티냐며 불만을 품었다. '언젠가'를 기다릴 바에 그냥 이대로 가는 게 낫다며 피하려고 하기도 했다. 사실 '언젠가'라는 날이 오지 않으면 어떡하냐며 겁에 잔뜩 질린 것이었는데 말이다.

매일 삶이 아름답다는 걸 깨닫기 시작한 이후로 '언젠가'라는 날을 바라기 시작했다. 한 번 태어나 나로 살아가는 인생 '오늘을 위해 그렇게 아팠구나.'라는 생각을 한 번쯤은 느끼고 이승을 떠나고 싶다는 마음이 들었기 때문이다. 항상 울고 아파하고 끔찍하다고 세상을 기억하는 것보다 마지막 갈 때는 다사다난했지만 재미있는 인생이었다고 기억되는 편이 내게는 훨씬 좋을 테니 말이다.

우리는 다양한 감정을 느낀다. 그리고 어떤 감정을 느낄지 선택도 가능하다. 우리는 우리의 생각 그 이상으로 강하고 현명하다. 그래서 부정적인 감정이 훅 찾아오더라도 금방 바꿀 수 있다. 힘이 나는 곡 듣기, 당장 큰 소리로 웃음 터트리기, 미소 지은 채 유지하기 등과 같이 부정적인 감정을 털어버릴 수 있다.

삶이 지속해서 계속되기 때문에 우리는 이렇게 작은 변화를 만들어낼 수가 있다. 이렇게 스스로 변화하고 있다는 사실을 알아차리면 너무 대견스러움을 느낀다. 자신이 자랑스러워진다. 그리고 이러한 작은 변화를 계속 겪어 나아가다 끝에 다다를 때, 삶을 돌아본다면 그건 결코 작은 변화가 아니었다는 것을 깨닫게 될 것이다. 삶을 더 윤택하게 만들어주는 가장 큰 시작이었다는 점을 분명 알게 될 것이다.

삶을 살다 보면 우리는 좋은 일만 겪을 수는 없다. 그래서 때로는 절망하고 우울함에 깊게 빠지게 될 수 있다. 하지만 당신은 이미 안다. 그러한 고통을 평생 겪는 것이 아니라는 것을. 그러니 함께 살아보자는 말을 전하고 싶다. 당신은 당신의 삶을 변화시킬 능력을 충분히 갖추고 있다. 진부한 말이지만 살아 있기 때문에 당신은 변화를 택할 수 있다. 그리고 당신의 그 변화가 힘들었던 당신의 삶을 위로해주는 발판이 될 것이다.

08

언제든 더 나은 삶으로
나아갈 수 있다

"매일, 매분, 매초. 인생을 바꿀 기회가 얼마든지 있어."

디즈니 애니메이션 〈덤보〉에 나온 대사이다. 언제 저장한 것인지는 모르겠지만 몇 년 전부터 핸드폰 속 사진첩에 자리를 잡고 있던 애니메이션 명언 중 하나이다. 어릴 적에 『덤보』 책을 본 적이 있다. 그때는 글보다는 그림에 집중했다. 학교도 들어가지 않은 꼬마는 책 안에 담긴 내용을 이해하지 못했다. 큰 귀를 지닌 덤보를 보며 '나도 귀가 참 크다는 소리를 듣는데 너도 그렇구나.' 정도의 생각이 다였다.

'상황이 달라지지 않는데 도저히 어떻게 더 나은 인생을 살 수 있다는 말을 하는 것일까?' 20대 초반에 〈덤보〉 속 대사를 보며 생각했던 질문이었다. 정사각형의 조그만 방에 틀어박혀 한 발자국 나가는 것도 겁을 내는, 이렇게 살다가 죽어버리면 된다는 생각을 지니고 있는 현재에 기회가 있다는 건 말이 되지 않는다고 생각했다. '인생을 바꿀 기회'라는 건 이미 반짝 빛나는 사람들에게만 오는 것으로 생각했다. 인생이 바뀌기를 바랄 때에는 내 곁의 모든 상황이 자동으로 바뀌기를 바랐다.

　자신은 과거와 다를 거 없는 상태로 존재하면서 상황이 자동으로 바뀌기를 바라는 나와 같은 사람이 분명히 있을 거라고 예상을 한다. 그리고 애니메이션 〈덤보〉 속 대사를 이해하지 못하는 사람도 있을 것으로 생각한다. 인생을 바꾸기 위해서는 현재 자신이 처한 상황을 바꾸어야 할 텐데, 바꾸는 방법을 알지 못한 채 살아가는 사람도 있을 것이다. 물론 그중 누군가는 상황을 바꾸는 방법을 알고 있지만, 자신은 그걸 해낼 수 없다는 생각에 휩싸여 선뜻 무언가를 해내지 못할 것으로 생각할 수도 있다.

　내가 그랬다. 부정적인 감정들로 인해 한껏 눈물을 흘리다 이대로는 안 된다는 생각이 들 때가 있었다. 나는 처한 상황을 바꾸기 위해서 안 좋은 습관을 고치고 앞으로 나아가는 선택을 해야 한다는 것을 알고 있었다. 그래서 반복을 했다. 마음을 먹고 계획을 세운다. 최소 1시간, 최대 일주일 실천을 한다. 그리고 못 한다는 결론을 내린다.

당시 짜놓은 계획은 정말 누워 있는 것 말고는 하지 않던 사람이 바로 실천하기란 어려운 것들이었다. 새벽 기상, 새벽 스트레칭, 청소, 하루에 5시간 이상 공부, 사람 많은 강가에서 조깅, 핸드폰 금지…. 이 모든 것들을 시간순으로 정리를 했다. 잠을 잘 자지 않을 때는 새벽 기상은 쉬운 편에 속했다. 하지만 잠만 자고 싶은 날들이 계속됐을 때는 기상 시간을 맞추지 못했다는 이유로 아침부터 끝없이 불안해하고 절망했다. 예상했던 시간보다 많이 지체되어 늦게 일을 끝냈을 때는 고작 이것도 맞추지 못하는 사람이라며 화를 냈다. 그리고 이어나가는 걸 포기했다.

나는 지금보다 더 나은 삶, 앞으로 나아가는 삶은 못 살겠다고 생각했다. 인생을 바꿀 기회라는 건 내게 없다고 느껴졌다.

하지만 지금의 나는 인생을 바꿀 기회는 언제든 있다는 말에 동의한다. 과거의 난 큰 걸 바랐다. 내가 한순간에 변화하기를 바랐다. 그리고 큰 성공이 찾아오기를 바랐다. 아무것도 하지 않고 있다면 큰 성공은 당연히 찾아올 수 없는 것이었다. 매일 가만히 누워 있고 앉아 있는 것 말고는 할 줄 몰랐던 사람이 한순간에 바뀐다는 건 말도 안 되는 말이었다. 당신이 지금 이 말에 실망하고 있는 건 아닌지 모르겠다. 내 인생을 바꿀 기회가 있다는 말에는 전제가 깔려 있다.

첫 번째로 믿음이다. '할 수 있다!'라는 믿음이 아닌 '나는 내가 해낼 것이라는 걸 안다.'라는 믿음이다. 전적으로 자기 자신을 스스로 믿어줘야 한다. 나처럼 자신을 싫어하던 사람이라면 스스로 자신을 믿지 못할 것이다. 의심이 들 것이다. 처음부터 시작해라. 사람을 처음 만나면 인사를 하고 자신을 소개한다. 자신이 무엇을 좋아하는지, 싫어하는지 공유하기 시작하며 차근차근 알아간다. 나 자신도 똑같다. 스스로 자신에게 먼저 인사로 말을 걸어보는 걸 시작해라. 익숙해질 때까지 인사를 전해본 후에는 안부를 물어라. 오늘의 기분은 어떠한지 살펴라. 그렇게 자신과 친해지게 되면 믿음은 따라오게 된다.

두 번째로는 꾸준함이다. 사실 이게 가장 어렵다. 무기력을 지니고 오래 삶을 이어가던 사람이 꾸준함을 기르는 건 어려운 일이다. 꾸준함을 지니고 있었더라면 무기력을 오래 유지하지도 않았을 테니 말이다. 나도 그런 사람이었다. 꾸준함이라는 건 찾아볼 수 없는, 아무것도 못 하고 그저 축 처져 힘도 나지 않는 사람이었다. 이런 내가 단번에 큰일을 하기에는 벅찼다.

그렇기에 우리는 가장 작은 일부터 시작하면 된다. 침대에 누워만 있었다면 앉아 있는 것부터, 밥을 먹지 않은 사람이라면 조금이라도 정해진 때에 밥을 먹는 것, 매일매일 씻는 것, 설거지하는 것. 집 안에서 어느 정도 움직이게 되면 옷을 갈아입고 집 밖으로 나가서 걸어라. 그게 몇 분이든 상관없이 꾸준히 매일 나가는 걸 목표로 잡으면 된다. 그리고 자신을 칭찬해줘라. 오늘 하루도 가만히 있는 게 아니라 스스로 자신을 위해 움직여준 자기 자신을 꼭 칭찬해주길 바란다. 하지 않게 되는 날이 있더라도 자책은 하지 말고 쉬고 싶었던 자신을 다독여줘라. 그리고 다음 날에 다시 시작하면 된다. 하지 않은 날은 두고 해낸 날들에 대한 자신을 더 많이 바라봐주길 바란다.

2년 반이 넘는 시간 동안 지속해서 계속되고 있는 코로나 시대를 살아가는 사람들을 보며 놀랐다. 집에 갇혀 있던 나는 코로나 이전과 다른 점을 알지 못했다. 하지만 많은 사람이 우울감에 빠졌고 어떻게 해야 할지 감을 잡지 못했다고 했다. 계획했던 것을 행할 수 없게 되었다. 기존에 하던 방식들로 삶을 이어나가기에는 조심해야 할 부분들이 너무 많았다. 모두가 갈피를 잡지 못했다. 그래서 나는 많은 다수가 나와 같이 갇혀 있는 삶을 살아가려나 싶었다. 하지만 그건 나의 철없는 생각이었다. 사람들은 현재 자신이 처한 상황에서 더 나은 방법을 찾기 시작했다.

회사, 학교 모두 새로운 방식을 도입했다. 기존에 있던 재택근무를 많은 회사가 하기 시작했다. 화상 회의를 시작했다. 학교에서도 생각 이상으로 늘어난 방학을 중단하고 화상 수업을 하기 시작했다. 사람들도 집에만 있어 심심하다며 달고나 커피를 만드는 걸 시작으로 새로운 취미들을 찾기 시작했다. 친구들과 만날 수 없었던 상황에서 랜선 파티를 시작했다.

이렇게 새로운 방식을 도입하고 새로운 걸 찾는 사람들을 보며 대단하다고 느꼈다. 모두가 정체된 채로 오래 머무를 수도 있었던 상황이었다. 하지만 다수는 그러지 않았다. 현재 상황에서도 이어나갈 방법을 생각했다. 그리고 선택했다. 행했다. 그렇게 사람들은 코로나 이전의 시대만큼은 아니지만 현 상황에서도 나은 삶을 살아갈 수 있다는 걸 보여주었다.

우리 집 앞에는 강변이 하나 있다. 매년 봄이 오기 전에 강변에 있는 꽃화단을 새로 조성한다. 올해도 마찬가지로 3월이 오기 전에 시작해서 3월 중순쯤에 끝이 난 듯했다. 이곳에서 10년이 넘는 시간 동안 살면서 화단 조성하는 걸 본 건 처음이었다.

농업기술센터에서 육묘한 수많은 종류의 꽃들을 직원분들께서 하나하나 다 심으셨다. '저 넓은 곳을 언제 다 채우실까?', '오래 걸릴 거 같은데.'라고 생각했던 것과 달리 순식간에 화단이 채워졌다. 게다가 이번에는 작년까지 없었던 포토존까지 설치가 되었다. 일곱 개의 벤치들도 무지개 색상에 맞춰 칠해져 있었다. 밝고 생기 넘치는 화단이 완성되었다.

아르바이트를 마치고 집으로 돌아올 때마다 '저기에 있는 꽃들은 언제쯤 피려나.' 생각하곤 했었다. 특히 앞에 있는 튤립의 경우는 몽우리만 있었다. 몇몇 튤립은 몽우리조차 없었다. 그런데 날이 따뜻해졌던 이틀째인 날에 아르바이트를 마치고 집으로 돌아가던 길이었다. 평소와 다를 거 없이 새로 조성된 화단이 동심을 불러일으키는 모습이라 자연스레 눈길을 주고 있었다. 그런데 뭔가 새로운 것들이 보였다. 바로 튤립이었다. 몽우리가 없던 튤립은 가운데 몽우리를 품고 있었다. 몽우리를 가지고 있던 튤립은 빨간색의 잎을 완벽히도 보여주었다.

참 신기했다. 이곳에 튤립이 머무르게 된 것은 몇 주 되지도 않았다. 많아봤자 2주가 고작이었다. 그런데 튤립은 아리따운 색상을 뽐내기 시작했다. 자신들이 본래 살던 공간도 아니었다. 게다가 중간에는 작은 화분에 담겨 있던 적도 있었다. 그런데 그들은 자신들이 현재 어디에 있든 상관없이 스스로 피어날 준비를 하고 있었다. 자신들의 성장한 모습을 뽐낼 준비를 하고 있었다. 화분에 담겨 있던 그때에도 튤립은 자신들의 몽우리를 그대로 지니고 생생하게 숨을 쉬었다.

튤립은 자신이 피어나야 한다는 걸 알고 있었다. 그리고 필 때를 알고 있었다.

이렇듯 우리도 어떤 상황에 놓여 있는가와는 상관없이 더 나은 삶으로 나아갈 수 있다. 의심하지 말자. 자신을 믿고 꾸준히 앞으로 나아가기를 실천하면 된다. 평평한 지대에 있든 낭떠러지에 있든 상관없이 그 상황에서 할 수 있는 작은 것부터 시작하면 된다.

그렇게 세상에 던져진 작은 씨앗은 큰 나무를 자라게 할 테니 말이다.

무기력과

평생 거리두기 하는 법

4장

01

인정하면
변화가 시작된다

"지난날 제가 잘못을 저질렀지만, 과거의 나도 여전히 나입니다. 저의 모든 잘못과 실수가 있었기에 지금의 제가 있습니다. 내일부터는 조금 현명해질지 모르죠. 그런 모습 또한 저입니다."

2018년 9월 24일, BTS의 UN 연설 중 일부이다.

과거의 내가 나라는 사실을 받아들이기까지 참 오랜 시간이 걸렸다. 아무것도 못 하는 사람이 나라고? 매번 시도했다가 못 할 거라고 말한 사람이 나라고? 이런 잘못을 저질렀던 사람이 나라고? 부정하고 싶었다. 정체되어서 나아가지 못하고 있는 지금의 나도 나라는 사실을 인정하고 싶지 않았다.

BTS의 'LOVE MYSELF' 캠페인이 시작되었을 때, 나도 나를 사랑하기 위해 노력했다. 하지만 뭐가 잘못되었던 것인지 되는 게 하나도 없었다. 시간이 지나 BTS의 〈Answer: Love myself〉라는 노래가 나왔을 때는 밤마다 틀어놓고 잠을 청했다. 물론 잠을 자기는커녕 노래를 듣다가 괜히 눈물을 흘릴 때가 많았다.

'왜 자꾸만 감추려고만 해 네 가면 속으로

내 실수로 생긴 흉터까지 다 내 별자린데'

이 가사를 들을 때면 나의 못난 모습을 보여주는 게 싫어서 더욱 숨으려고 했던 내가 떠올라서 많이 울었다. 고치고 싶은데 방법을 알지 못했다. 수많은 팬이 자신을 돌아보고 마음의 안정을 찾았다고 했다. 삶에 변화가 찾아왔다는 팬도 많았다. 나도 그러한 팬이 되고 싶었다. 하지만 그건 쉽지 않았다.

현재 나의 상태도 인정하고 싶지 않았다. 어둠 속에 갇혀 있으면서 과거에도 똑같이 있었던 나를 인정하고 싶지 않았다. 밖에서 속마음을 숨기며 살아가는 자신도 인정하고 싶지 않았다. 더 정확히 말하자면 뭘 부정하고 싶었던 건지 모르겠다. 그냥 나라는 사람의 존재를 부정하고 싶었던 것 같다.

나는 현명하지 못한 사람이었다. 좋아하는 사람들이 끝없이 자신을 사랑하는 방법을 이야기해주었지만 실천하지 못했다. 결국, 살면서 한 번도 느껴보지 못한 극한의 감정을 겪고 나서야 깨닫게 되었다. 나와 같은 실수는 당신이 하지 않기를 바란다.

계속 혼자 집 안에서만 지내는 생활을 했다. 하지만 혼자만의 시간을 가져본 적이 없다. 핸드폰, 노트북 그리고 텔레비전을 많이 보며 지냈다. 그래서 처음으로 아무것도 없이 홀로 있는 시간을 가졌다. 내가 현재 가지고 있는 생각, 감정은 무엇인지 고민했다. 과거의 나는 어떠했는지도 잠깐 돌아봤다. 처음부터 답이 척척 나오지 않았다. 회피하거나 부정적인 말을 하는 버릇들이 있었기 때문에 당연한 결과라고 넘겼다.

포기하지 않고 꾸준히 몇 주를 하고 나니 조금씩 답이 나오는 듯했다. 전과 별반 다르지 않은 답이 나왔다. 그 답조차 스스로 부정하고 있었다는 사실을 그제야 깨닫게 됐다. 이미 스스로 초라하고 겁이 많다는 건 알고 있었다. 그걸 이겨낼 자신도 없어서 차라리 이렇게 살다가 그냥 가는게 나을 거라고 생각을 했었으니 말이다.

제일 인정하고 싶지 않았던 게 '살고 싶다'라는 말이었다. '살고 싶다'라는 마음이 들고 그걸 인정하게 된다면 앞으로의 삶은 나태하지 않은 삶, 다른 이들처럼 달리는 삶을 살 자신이 없었다. 그리고 두 번째로 인정하고 싶지 않은 건 아니지만 꼭꼭 숨기고, 감추고 싶었던 것이 있었다. 나의 어릴 적 상황부터 시작해서 현재 내가 살아가고 있는 환경과 내 생각 등을 그 누구에게도 알리고 싶지 않은 채 감추고만 싶었다. 내가 나로 인해 못나게 되었다는 걸 누군가가 알면 손가락질을 할까 봐 두려운 마음에서 든 생각이었다.

내 마음이 이러하다는 사실을 인지하고 인정하고 나니 자신을 위로하고 싶어졌다. 매번 "잘 좀 하자.", "이렇게 살지 좀 말자."라며 답답해하고 짜증을 내는 게 아니라 "그랬구나, 많이 힘들었지."라는 말을 전하고 싶어졌다. 왜 그런 생각을 할 수밖에 없었는지에 대해 스스로 가여움을 느꼈다. 충분히 해맑게 지냈어도 됐을 나이인데, 항상 남의 눈치를 보고 사느라 제대로 즐기지도 못했다. 할 수 있다는 응원을 수만 번 보내줘도 모자랐을 텐데 정작 나는 "못 해."라며 왜 딱 잘라 말을 했던 건지 참 어렸다는 생각을 했다. 어제의 나와 오늘의 나가 다를 수 있다는 점도 깨닫지 못해 '어제도 안 했는데 오늘이라곤 하겠어? 아, 안 해. 못 해.'라며 생각하며 지레 겁을 먹고 뒷걸음질 친 내가 참 안쓰러웠다.

어제와 오늘의 나는 다를 수 있다는 점을 인정했다. 그리고 나를 위해서 살고 싶다는 내 마음을 인정했다. 그러고 나니 참 신기했다. 사람이 무섭다는 이유로 밖으로 나가지도 않던 내가 살기 위해 홀로 밖을 나가기 시작했다. 1시간도 걷지 않던 내가 2시간 이상을 걸었다. 언제부턴가 설거지를 미루며 안 하던 몸도 일으켜 밥을 먹고 재깍 설거지하기 시작했다. 생각만 몇 년째 하던 등산도 다녀왔다. 몇 년째 생각만 하던 곳도

주마다 한 번씩을 꼭 다녀왔다. '혼밥'은 곧 죽어도 못 한다고 생각했었는데 혼자서 밥도 먹었다.

내 실수로 생긴 내 흉터들, 죽을 때까지 감추고 가고 싶어 했던 나의 마음들을 털어놓고 싶어졌다. 모든 걸 다 털어놓을 수는 없겠지만, 그래도 일부 정도는 털어놓고 나도 홀가분해지고 싶다는 마음이 생겼다. 그러고 얼마 지나지 않아 신기하게도 〈한국책쓰기강사양성협회〉라는 곳을 알게 됐다. 알게 된 지 대략 한 달 정도가 되었을 때, 대표님의 도움으로 책을 쓸 수 있게 되었다.

삶이 크게 달라져 행동이 달라진 건 없다. 그냥 고작 마음 하나 달리 먹었을 뿐인데 밖을 나가게 되었다. 그리고 책을 쓰게 됐다.

자신을 사랑하는 데 있어서 가장 필요한 건 자신에 대한 인정이다. 우선 내가 정말 가지고 있는 마음이 무엇인지, 알아채주기를 바라는 마음이 어떤 건지 알기 위해 나를 돌아봐야 한다. 그렇게 해서 나온 답에 의문을 가지거나 포장을 하려 들면 안 된다. 다른 사람의 고민에 공감하고 위로해주듯 똑같이 해주어야 한다. 혼자만의 시간을 가지다 보면 부정적인 감정이 올라와 오들오들 떨게 될 경우도 있을지 모른다. 그럴 때도 "그치. 불안하지. 뭐가 그렇게 불안할까?"라는 말을 건네며 토닥여주면 된다.

자신에게 절대로 고작 이것도 못 이겨내면 어떡하냐는 식의 말은 건네지 말아야 한다. 그런 식의 발언은 자신을 시궁창으로 몰아넣을 뿐이니 말이다.

많이 원망했다. 겁 많은 성격을 참 많이도 미워했다. 세상에 있는 그 어떤 존재보다도 내가 제일 싫었고 끔찍했다. 그렇게 원망하고 미워하고 싫어하던 순간들이 있었기 때문에 지금의 내가 이런 생각을 하고 깨달음을 얻을 수 있었던 것으로 생각한다. 그리고 이렇게 책을 쓸 기회가 주어진 것도 그런 시간이 있었기 때문이라고 여긴다.

02

아픔을
이야기하기

    속마음을 밖으로 꺼내지 않는 사람이 있다. 아무리 오래 알고 지내도 이 사람이 어떤 생각을 하는지 도저히 알 수가 없다. 자신에 관해 말을 꺼내는 게 없는 사람이라 가끔 주변 지인이 답답함을 이야기할 때가 있다. 때로는 가끔 오해가 쌓이기도 한다. 말로 해결하고 풀어나가야 하는데 입을 열 생각을 하지 않으니 풀어나가지 못해 오해는 점점 더 커지게 된다.

    나에 대해 말을 꺼내는 게 무서워 항상 입을 꾹 닫고 살았다. 한 마디라도 더 열었다가 힘들다는 말이 나올 것만 같아 늘 철저하게 입을 다물었다. 그게 점점 나를 갉아먹는 일이라는 걸 인지하지 못한 채로 말이다.

고등학생 때, 점점 시간이 지날수록 아무렇지 않은 표정을 짓는 게 어려웠다. 나도 모르게 자꾸만 집에 홀로 가만히 있을 때 짓는 표정을 짓곤 했다. 이런 나의 표정을 본 몇몇 친구는 내게 무슨 일이 있냐는 질문을 해왔다. 그럼 나는 사실 학교에 있는 게, 사람들과 이렇게 섞이는 게 힘들다고 말할 수가 없었다. 그래서 아무 일도 없다며 고개를 저었다. 아니라며 분명 일이 있다며 말해보라는 친구의 말에도 그저 어색한 웃음을 지으며 손사래를 쳤다. 정말 아무 일도 없다며 말이다.

성인이 되고 난 이후에 서울로 올라간 친구와 통화를 할 때였다. 그때 친구가 내게 그랬다.

"나는 너를 알고 지낸 지 거의 10년이 다 돼가는데 네가 무슨 생각을 하는지 하나도 모르겠어."

보통 오래 알고 지낸 사람을 보면 갑자기 변하지 않는 이상 그 사람이 어떤 행동을 하고, 어떤 말을 할지 예상이 가는데 그걸 모르겠다는 게 친구의 말이었다. 친구의 말을 듣는 순간, 고등학생 때, 다른 친구가 내게 "네가 무슨 생각하는지 잘 모르겠음."이라고 했던 말이 떠올랐다. 나는 멋쩍은 웃음과 함께 "그런가…?"라는 말밖에 하지 못했다.

후에 어떤 친구와도 갈등이 있었을 때, 속에 담긴 말을 다 내뱉지 못했다. 결국, 그 친구와도 멀어지게 됐다. 학기 중간쯤 갔을 때는 봐도 못 본 척하는 사이가 되어버렸다.

　다른 친구들과 비교되는 가정 형편이며 성격 등에 의해 너무 움츠러드는 마음에 입을 열지 않으려 했던 것은 맞았다. 하지만 아예 다른 이에게 말하지 않으려고 했던 것은 아니었다. 점점 머리가 커지고 혼자 의사결정을 할 수 있게 될 즈음에는 어릴 적보다 더 크게 공포감을 느꼈다. 매 순간 그랬으니 말이다. 어릴 적이었으니 이걸 이겨내는 게 버거워서 누군가에게 말을 하고 싶었다. 하루는 체육 시간에 친구에게 말을 하고 싶어 앉아 쉬고 있을 때 운을 뗀 적이 있다. 하지만 운을 떼고 얼마 지나지 않아 내뱉은 고민은 공중으로 흩어져버렸다. 들어주지 않았다.
　그다음 성인이 된 후에도 말을 하려 했던 적이 있다. 정말 너무 지치고 힘이 들어서 도저히 이건 아니다 싶은 순간이었다. 아르바이트를 끝내고 그날도 집에 들어오자마자 방바닥에 엎어져 있었다. 그러다 문득 친구에게 전화해야겠다는 마음이 들었다. 나는 누군가와 연락을 주고받는 편이 아니다. 먼저 전화를 거는 일도 거의 없었다. 하지만 그날은 이상하게 친구에게 연락해서 터놓고 싶었다. 친구와 전화 연결이 되었다. 일상적인 이야기를 주고받았다. 조금 지나 친구에게 "나 힘들어."라는 말을 했다. 무슨 일이 있냐며 물을 거라고 예상을 했다. 하지만 내 예상은 뭉개졌다. 어떻게 말을 할지 시뮬레이션도 돌리던 머리는 멈췄다.
　"내가 더 힘들어."라는 말이 친구의 답이었다. 평소처럼, 늘 그랬던 것처럼 말을 안 하고 살면 되겠다고 여겼다. 그렇게 또 시간은 점차 흘러갔다.

　흐르는 시간 속에서 내 마음의 짐도 계속 쌓여갔다. 숨을 못 쉬고 가슴을 부여잡고 있을 때도 혼자서 괜찮을 것으로 생각했다. 하지만 그건 나의 크나큰 착각이었다.

　답답해 미칠 것만 같을 때, 나는 친언니에게 전화했다. 놀란 언니가 무슨 일이냐고 걱정을 하기 시작했다. 몇 날 며칠 같은 소리만 해대는 동생의 고민을 들어주었다. 온전히 다 말하진 못했으나 그 당시 문제였던 걸 말하기 시작한 나의 첫 말하기였다.

　시간이 더 흘러 불안함이 나를 압도하던 때가 있었다. 커튼을 치고 밖의 빛도 보지 않고 밥을 먹지도 않았다. 앞길이 너무 막막해 두려움이 증폭된 시기에 하필이면 돈도 잘못 날려버렸다. 모아놓은 돈이 없고 사람이 무섭다고 대학도 가지 않은, 제대로 된 직장도 없는 20대 중반 때 약 100만 원 이상을 날렸다. 걱정투성이였다. '살아야만 한다.' 포스트잇이 눈에 보였다. 무시당할 수도 있을 테지만 친구에게 연락을 넣었다.

　친구를 만나 카페에서 대화했다. 각 잡고 친구를 만나 고민거리를 말하는 게 처음이라 어색했다. 하지만 나는 모든 걸 다 말하지는 않았지만 그래도 당시 고민이었고 걱정하던 부분을 거의 말을 했다. 밖에서는 결코, 울지 말자고 했던 다짐대로 밖에서 다치든 억울한 일이 있든 울지 않으려 꾸역꾸역 참았던 눈물이 그날 친구에게 말을 했을 때 터져 나왔다. 친구는 8년 정도 알았는데 우는 걸 본 건 처음이라며 당황해했다. 친구는 나를 달래주었다. 그리고 함께 고민해주었다. 당장 결정 하나 못 내리는 나를 대신해 이상적인 게 어떤지 말을 해주었다. 그리고 재미있는 말로 무거워진 분위기를 풀어주었다.

후로도 삶에서 달라진 건 없었다. 하지만 마음만큼은 전보다 확실히 덜해진 게 느껴졌다. 이게 내 고민을 털어놓았기 때문인 건지, 내 고민을 들어줄 누군가가 있어서 그런 건지는 알 수가 없었지만 말이다.

나는 손에 꼽힐 정도의 친구들만이 곁에 남아 있다. 고립된 시간이 길었기에 만나는 빈도는 거의 없었다. 그래서 늘 볼 때마다 일 년 혹은 이 년에 한 번을 만나는 편이었다. 이 친구들에게 미안하지만, 통화할 때나 만날 때 내가 겪었던 일과 생각을 간략하게 전달했다.

한 친구는 늘 그렇듯 잘 살자며 응원을 전달해주었다. 수고 많았다며 말이다. 내가 무엇을 하든 응원한다고. 그리고 다른 한 친구는 내가 말을 하는 동안 눈에 눈물을 글썽였다. 친구 눈에 담긴 눈물을 보고 되레 당황해 네가 왜 우냐며 말을 했다. 사실 무척이나 고마웠다. 내 이야기를 듣고 되려 눈물을 글썽거려주는 누군가가 있다는 게 말이다.

모든 일을 다 말하진 않았지만, 그래도 당시 최근에 겪었던 일과 생각은 말을 할 수가 있게 됐다.

사 먹던 불안증약을 끊고 정신과를 잠깐 다녔다. 정신과에 가서 처음부터 모든 걸 말하는 게 두려워 다니고 싶지 않아 했었다. 하지만 이대로는 살아 있을 수가 없을 거 같아서 정신과를 다녔다. 떨리는 심장을 붙잡아 간 정신과에서 설문지를 작성하고 상담을 했다. 상담하며 어릴 적 환경부터 말을 시작하다 눈물이 덜컥 올라왔다. 참으려고 했으나 참지 못한 채 눈물이 흘러내렸다. 말을 끝내고 의사 선생님의 말씀을 듣고 다시 살아갈 용기를 더욱 얻을 수 있었다.

정신과를 오래 다니지는 않았다. 몇 달 전부터 명상하고 확언을 줄기차게 말한 효과 때문인지는 모르겠지만 약을 먹지 않아도 마음의 안정이 찾아왔다.

아픈 이야기를 입 밖으로 꺼내는 게 너무 무서웠다. 누가 뭐라고 하지는 않을까, 손가락질하지는 않을까. 얼마나 많은 죄를 범하고 살았는지 나는 알고 있으니 무서웠다. 하지만 나는 이제 내가 느끼는 부정적인 감정을 끝까지 튕겨버리고 싶은 마음으로 책을 쓰기 시작했다. 혼자 앓았던 것을 적어 내려가는 건 두렵지 않냐고 누군가 내게 묻는다면 난 그렇다고 답을 할 것이다. 그런데 왜 쓰냐며 또 묻는다면 '나 자신을 사랑하고 아끼고 싶어서. 나는 너무 소중한 존재이니까.'라고 답을 할 것이다.

숨기는 것도 자신을 위한 게 될 수가 있다. 힘들었던 일을 모두에게 다 말하고 다닐 수는 없으니 말이다. 하지만 무조건 꼭꼭 숨겨두어서는 안 된다. 세상 그 무엇보다 소중한 존재인 내가 아니게 되어버린다. 한없이 자신을 물어뜯고 갉아버리게 된다.

처음 누군가에게 말을 하는 것이 두렵다면 허공에 대고 혼잣말을 해보아도 괜찮다. 사실 나도 말을 시작하기 이전에 침대에 쪼그려 앉아 중얼거렸다. 밖에 나가서는 나무에다 말을 했다. 그 이전에는 달님에게 말을 걸었다. 말을 하고 싶지 않다면 혼자만의 일기를 만들어 작성해 털어놓을 수도 있다. 이렇게라도 말을 하고 쓰고 나면 신기하게도 짐 일부를 바닥에 내려놓은 듯한 느낌이 든다.

우리는 세상 그 무엇과도 바꿀 수 없는 가장 소중한 존재이다. 이 점을 꼭 잊지 말고 앞으로의 생도 살아가기를 바란다. 아픔과 고통이 찾아와도 우리는 충분히 털어놓고 이겨낼 수 있다.

03

너무
애쓰지 마

  우리는 많은 사람과 관계를 맺으며 살아간다. 관계를 맺을 때, 중요한 것 중 하나가 다른 사람의 눈치를 살피는 것이다. 상대방이 어떤 감정을 가졌는지, 어떤 생각을 하는지 그 사람의 행동과 표정을 통해 파악해야 한다. 그래야 서로 감정이 상하지 않도록 대화를 이어나갈 수 있기 때문이다.

  하지만 요즘은 더 나아가서 지나치게 눈치를 많이 보는 사람들이 많다. 여기서 많은 사람이 보는 것은 위에 말한 것과는 조금 다른 내용이다. '나에 대한 사람들의 시선'에 눈치를 본다. '내가 이런 행동을 하면 이

상하게 생각하겠지?', '내가 이런 말을 하면 비웃으려나.', '이런 옷을 입으면 안 어울린다고 질책하지는 않을까?' 이처럼 관계를 맺고 있는 상대방의 현재 감정을 살피는 게 아니라 '나에 대한 다른 사람의 시선'에 관한 눈치를 많이 본다.

이런 눈치를 보게 되면 나에 대한 자존감은 자꾸 떨어지고 자신감도 사라진다. 내가 하고 싶은 대로 하지 못하고 입고 싶은 대로 입지 못하는, '타인을 위한 나'가 되어버리고 만다.

나를 위한 삶을 살아본 적이 없다. 그렇다고 해서 남을 위한 삶도 제대로 살아본 적이 없다. 다른 사람의 눈치를 한도 끝도 없이 본 결과는 그어떤 것도 한 게 없는 사람이 되어버리는 것이었다. 나는 굉장히 심각한 편에 속했다.

엄마를 졸라 보컬을 배우러 학원을 간 적이 있다. 그때의 심정은 마냥 기쁘지 않았다. 나는 보컬에 소질이 없다는 걸 알고 있었다. 못한다는 생각이 늘 가득했고 이런 생각을 조금 벗어던지고자 학원에 다니고 싶었다. '못 해.'라는 생각이 머릿속을 지배해서 중도 포기한 탓도 크지만, 또 다른 하나는 이상한 곳에 중점을 두고 다른 사람의 눈치를 봤기 때문이다.

열의가 넘쳐 배우는 것에 초집중해도 모자랄 때, 쓸데없이 선생님의 눈치를 보기 시작했다. 나는 이 학원에 처음 왔다. 나는 음치와 박치이다. 그리고 나는 배우는 학생이다. 그러니 실수도 할 수 있고 못 할 수도 있다. 박자를 못 맞추고 음 이탈이 나더라도 그건 어쩔 수가 없는 것이었다. 하지만 매 수업 나는 맞은 편에 앉아 계신 선생님의 모습을 보며 움츠리곤 했다.

'내가 만약 삑사리가 나면 어쩌지? 선생님께서 뭐라고 하실까?'

'배에 자꾸 힘이 안 들어가는데 계속 이러면 얼마나 화를 내실까?'

'그냥 포기하라고 한숨 쉬시면 어쩌지?'

오만 가지 생각이 머릿속을 지배했다. 학생으로서 당연히 실수할 수 있는 부분들이다. 저번 주에 틀렸던 부분을 이번 주에도 똑같이 틀린다면 그건 연습 부족이므로 한소리를 들을 수 있다. 하지만 그 이외의 나머지 부분들은 배워가는 과정에서 할 수 있는 흔한 실수에 불과하다. 그런데 이런 흔한 실수를 큰 잘못인 것처럼 벌벌 떨기만 했다. 악보를 보며 노래를 부르고 있을 때, 앞에서 바라보는 선생님을 보고 있으면 머릿속이 너무 복잡했다. 매번 이런 마음들로 수업을 들으러 가니 당연히 즐겁지 않았다. 그냥 계속 못 할 거라는 생각만 가득했다. 그래서 결국 포기하는 걸 택했다.

말을 하는 면에서도 눈치를 많이 보게 됐다. 친구들과 한자리에 모여 있게 될 때면 다들 시끌벅적 소란스럽게 말을 주고받는다. 나도 친구들과 함께 어울려 말을 나누고 싶었다. 어릴 적에는 말하는 도중에 의견도 내고 장난도 쳤었는데, 어느 순간부터는 그게 어려워졌다. 내가 말을 한 마디 툭 뱉으면 반응이 싸해질까 봐 걱정이었다. 때로는 아무도 반응해 주지 않은 채 없었던 말이 될 것만 같아 말을 아끼려고 했다. 그리고 내가 뱉은 말로 가족들이 상처받았던 게 생각나 밖에서도 누군가에게 상처를 주게 될까 두려워 말을 더 아꼈다. 그러다 보니 언제부터인가 사람들과 함께 있어도 말을 할 수 없는 사람이 되었다. 말을 하지 말자는 생각이 강했던 건지 도무지 어떤 말을 해야 할지 생각이 나지 않았다. 가끔은 말이 생각이 날 때면 속으로 삼켰다.

어느새 말을 하지 않는 게 성격이 되어버렸다. 그런데 참 웃긴 게, 성격이 되어버리고 무리 안에서 소외당하는 게 익숙하다고 나 자신에게 주입할 때쯤에는 무슨 말이라도 해야 할 거 같아 눈치를 보게 됐다. 약 10년이 흘러 10대 후반이 되었기 때문에 아무리 머리를 굴려도 말 한마디도 생각이 나지 않았다.

멀뚱멀뚱 그 자리에서 친구들이 하는 말만 듣고 장난치는 모습을 바라보기만 했다. 조금 지나서는 나와 다른 누군가 둘만 있는 상황에서 나누는 대화 정도는 억지로라도 할 수 있게 되긴 했다.

행동하는 것에도 눈치를 많이 봤다. 나는 누군가에게 선물을 주고 싶은데, 그 누군가가 부담을 느끼면 어떡하지? 사실은 내가 한 선물이 마음에 안 드는 기색을 보이면 어떡하지? 싶은 마음에 선물 하나 보내지 않고 넘어간 순간도 많았다. 하고 싶은 대로 행동을 하면 누군가 욕을 할까 두려운 마음에 아무것도 하지 않고 그저 가만히 있기만 했다.

이외에도 무수히 많은 눈치를 보다 보니 성인이 되어서는 집 밖을 나가는 게 무서운 사람이 됐다. 나름 잘 지내보고 싶었고 그러면 잘 지낼 것으로 생각해 행했던 모든 것은 내게 독이 되었다. 애써 했던 모든 행동은 애써 나를 아무런 행동도 못 하게 만들었다.

누군가의 틈에 끼여 살아가고 싶었을 뿐이었는데 혼자가 되었다. 혼자 울고 있었다. 그 모든 순간은 나를 울게 했다. 무얼 위해 나는 그런 행동을 했는지 스스로가 미치도록 미웠고 싫었다.

혼자 남는 게 싫었다. 단지 그뿐이었다. 그런 마음에 시작됐던 행동은 나를 기어코 혼자로 만들었다. 모든 행동은 내가 자초한 거라 탓할 사람은 나뿐이었다.

사람의 눈치를 보고 행동을 해야 할 때는 주의점이 있다. 그 사람이 나를 어떻게 생각할지는 무조건 배제하고 봐야 한다는 점이다. '다른 사람은 나를 어떻게 생각할까?'라는 물음이 머릿속에 떠오르는 순간 주인공은 내가 아닌 타인이 되어버린다.

내 삶의 주인공은 오로지 '나'여야만 하는데 주인공의 자리에서 물러나게 돼버린다. 주인공의 자리에 올라서 있다가 내려오게 될 때는 이미 자존감이 바닥이 난 상태나 다름이 없다. 강단 있게 자리를 지키고 있어야 하는데 그걸 뺏겼다는 것은 그만큼 약해져 있는 상태일 테니 말이다.

다른 사람의 눈치를 살피는 것은 좋다. 하지만 보는 건 좋지 않다. 상대방이 현재 처한 상황, 겪고 있는 감정에 따라 해야 하는 말을 가려 하고 톤을 바꾸고 행동을 조심하는 정도까지가 딱 좋은 정도이다. 다른 사람의 눈치를 보며 내 행동을 바꿀 필요가 없다는 말이다.

다른 사람의 눈치를 보며 조심하고 또 조심했을 때, 당신이 원하던 결과를 얻은 적이 있는가? 아마 돌이켜보면 대부분 없었을 것이다. 있다고 하더라도 그게 행복을 가져다주지도 않을 것이고. 그럼 도대체 우리는 누굴 위해 눈치를 보며 나를 자의적으로 아무것도 하지 못하게 만들었던 걸까? 한 번 다시 모든 걸 원점으로 돌아가 생각해보면 처음은 나를 위해서였을 것이다. 속이 시끄러운 게 싫어서, 내가 누군가에게는 잘 보였으면 해서, 나 스스로가 상처받기 싫어서. 그래, 처음은 모두 나를 위해 시작했다. 하지만 끝에 가서 결국 상처받는 건 내가 됐다.

당신은 당신 자신을 아낄 줄 아는 사람이다. 나 자신을 위해 처음을 선택할 수 있는 사람이다. 다른 사람의 눈치를 더는 보고 싶지 않다는 마음을 먹는 지금, 이 순간조차도 당신 스스로가 괴로워하는 걸 택하고 싶지 않기 때문이다. 결국, 당신을 위한 선택을 한다.

'내가 나를 위해 이런 걸 선택했다고?' 싶은 생각에 화가 날지도 모르겠다. 하지만 사실 어찌 보면 다행이지 않을까. 내가 나를 사랑했고 또 여전히 사랑한다는 증거를 찾을 수 있었으니 말이다. 우리는 이걸 발견했고 그럼 이걸 더 확장해 내가 나를 온전히 사랑한다고 느끼면 된다. 우리는 우리의 행복이 최우선이다. 다른 사람의 눈치를 보며 살았던 1초 전까지의 과거를 인정한다. 하지만 지금, 이 순간부터는 다른 사람의 눈치를 보며 이도 저도 아닌 결과를 끌어내려고 애를 먹지 않을 것이다.

상대방의 눈치가 자꾸 보여 내 행동을 멈추게 하거나 행하게 할 때면 이렇게 중얼거려 보면 도움이 될 것이다.

"나는 내 행복이 더 중요하다."

나도 가끔 다른 사람의 눈치를 보게 될 때가 있다. 그럴 때면 빨리 그 상황을 인지하고 그런 상황에서 벗어나려 한다. 그럴 때마다 속으로 중얼거리곤 한다.

"나는 내가 더 중요하다. 나는 행복하다. 내 행복은 중요하다."

신기하게도 이러면 다른 사람을 쫓아가려던 마음이 내게로 다시 돌아온다.

다른 이에게 당신을 맞추기 위해 애쓰지 마라. 우리는 그 끝을 봤지 않는가. 상황에 맞는 말과 행동을 하는 정도까지만 남을 생각하라. 그 이후 모든 것은 당신만을 위하라. 당신이 하고 싶은 대로 해라. 웃고 싶으면 웃고. 울고 싶으면 웃고. 떠들고 싶으면 떠들고. 가만히 있고 싶다면 가만히 있고.

당신은 충분한 행복을 느낄 자격이 있는 사람이다. 당신의 행복에만 집중하고 힘을 들이도록 하자.

04

의지력을 갉아먹는
장애물 없애기

끈기 있게 무언가를 해내는 사람들을 보면 늘 신기했다. 어떻게 저렇게 몇 년을 끌고 갈 수 있는지, 꼭 나와 다른 종족의 사람인 것만 같았다. 특히 그들 중, 고작 취미임에도 불구하고 끝을 봐야 하는 사람들을 볼 때면 대단해 보였다. 쉽게 질려 하는 나와는 정반대의 사람이었기에 더 그랬다.

나도 어릴 때는 취미라는 게 있었다. 학교 동아리로 시작했던 곰 인형 만들기부터 십자수, 캐릭터 펀치니들, 목도리 뜨개질까지 손으로 만지

작거릴 수 있는 것들을 했었다. 하지만 어느 순간부터인가 시들시들해지기 시작했다. 난이도가 점점 어려워지기 시작했다. 물론 난도가 높아지기 시작하니 바로 포기했던 것은 아니었다. 곰 인형의 경우는 크기가 조금 더 큰 걸 해볼까 싶어 찾아본 적이 있었다. 크기가 큰 만큼 조금 더 복잡해 보이는 과정을 보며 할 수 없다는 마음이 들어 결국은 손을 놓았다. 나는 끝을 보지 못하고 이제 막 달리기를 시작하려 할 때 돌아섰다.

새해가 다가오면 계획을 세운다. 작년과는 다른 인생을 살 거라며 온갖 좋은 습관들이 몽땅 담겨 있다. 이른 아침 기상, 오전 운동, 아침 챙겨 먹기, 저녁 스트레칭 등 한 번에 많은 것을 바꾸도록 설계되어 있다. 그리고 이 많은 것을 극 초반에는 실천한다. 모두 다 하지는 못하더라도 그 중, 한두 개 정도는 나름 꾸준히 이어나간다. 그러다 며칠이 지나면 그마저도 하지 않게 된다. 오전에 늦게 일어난 나를 보며, 왜 늦게 일어났는지 탓을 하기 시작한다. 그리고 당연히 늦게 일어났으니 나가지 못한 운동 때문에도 마음이 불편해진다.

다른 사람을 보면 꾸준히 잘 이어나가는데, 나는 왜 못 하는 걸까. 혼자 자책했다. 왜 이렇게 못났냐며 타박을 했다. 뭐가 문제인지 그 어떤 것도 모른 채 말이다.

내가 언제나 하고 싶었던 것은 자기 계발을 꾸준히 하는 사람들과 같이 미라클 모닝을 하는 것이었다. 일찍 일어나 하루를 시작하는 보람참을 느끼고 싶었다. 하지만 나는 늘 성공하지 못했다. 그런 나를 보며 점점 못 할 거라는 생각으로 가득 찼다. 오전에 일어난 시간을 보면 불안했다. 밤에 자기 전에는 못 일어나면 어떡하나 하고 우울해했다.

그리고 또 하고 싶던 것은 남들처럼 하루를 알차게 계획을 세우고 실천하고 싶었다. 도피가 시작됐던 성인 때, 그래도 부모님께 말씀을 드린 게 있으니 공부를 하자 싶었다. 그래서 초반에는 가끔 10시간 가까이 되는 시간을 공부하기도 했다. 하지만 그것도 얼마 가지 못했다. 웃기게도 공부를 하려고 앉을 때마다 분주해지기 시작했다. 책상에 쌓인 먼지가 눈에 보이고 펜만 나열된 책상 위가 지저분해 보였다. 그리고 방을 둘러보면 방이 너무 더럽게 느껴졌다. 그럼 몸을 일으켜 대충 청소하고 나면 이미 몸이 지쳤다. 그래서 침대 위에 잠시 몸을 눕힌다는 게 쭉 누워 있게 되곤 했다.

'안 될 것 같다.', '못 할 것 같다.'라는 생각이 늘 자리를 잡고 있었다. 그리고 이미 하지 않았던 전적이 있던 사람이고 그로 인해 부정적인 감정을 느낀 사람이다. '혹시 또 안 되면?' 이러한 의문이 계속 함께했다. 이런 생각들이 얼마나 치명적인지도 인지하지 못한 채 말이다.

이러한 의지력으로 삶을 살아가기에는 힘이 들고 벅차다는 생각이 들었다. 앞으로 살아가야 하는데 인생이 너무 막막하던 때, 우연히 유튜브

알고리즘을 통해 '켈리 최 회장님'를 알게 됐다. 그분의 유튜브를 보다 보면 늘 같은 말씀을 하신다. 하지 못한 자신에게 집중하는 것이 아니라 한 자신에게 집중하는 것이라고 말이다. 이 말을 들었을 때 머리가 띵한 느낌이었다. 나의 집중 대상은 항상 하지 못한 나였다. 하지 못한 상태에만 집중하다 보니 내가 싫어지는 게 너무 자연스러워졌다. 나를 질책하고 다그치고, 초조하고 불안해지고. 못 할 거라고 미리 못 박아두었다. 이런 부정적인 감정을 마음에 안은 채로 삶을 이어나가니 당연히 의지력은 길러질 수가 없었다.

의지력을 기르기 위해 먼저 해야 할 것은 자신에 대한 비난을 멈추는 것이다. 자신이 무능하다고, 아무것도 하지 못하는 사람이라고 생각해서는 안 된다. 하루, 이틀 하다가 관두게 됐을 때, 내가 의지가 없다고 생각하지 마라. 사람은 누구나 편안한 쪽을 택하기 마련이다. 그러니 이미 익숙한 쪽으로 흘러갈 수밖에 없다. 당신이 의지가 없어서 그런 게 아닌 본능이다. 그러니 나만 하지 못한다는 생각은 꼭 버리기를 바란다.

사실 주위 사람들과 대화를 나누기만 하더라도 끈기 있게 무언가를 꾸준히 이어나가지 못하고 있는 사람이 당신 하나뿐이 아니라는 점을 알게 되지 않는가? 각자 어떤 일을 하기로 다짐을 하지만 막상 이야기를 나누어 보면 제대로 이루어 나간 사람은 몇 없다는 걸 느꼈을 거다, 분명. 자책하지 마라. 비난하지 마라. 모두가 그렇다. 그러니 하루라도 해낸 자신에 대해 집중을 하자. 그리고 다시 시작할 때, '그래, 그때의 나는 하루나 했었지! 그럼 이번에는 이틀 해야지!'라는 식으로 하루씩 늘려가도 괜찮다. 그러다 보면 어느새 21일이 지나 있고 100일이 지나 있는 자신을 발견하게 될 테니 말이다.

　의지력을 기르기 위해 해야 하는 두 번째는 부정적인 감정을 없애는 것이다. 여기서 주의할 점은 부정적인 마음이 들었다고 해서 침울함에 다시 빠져 있으면 안 된다는 점이다. 부정적인 감정은 어쩔 수 없이 삶을 살아가는 동안 같이 살아갈 수밖에 없다. 두려움, 불안함이 올 수도 있고 죄책감이 올 수도 있다. 또 부끄러운 감정이 들어 쥐구멍에 숨고 싶을 수도 있다. 이러한 부정적인 감정은 떼려야 뗄 수가 없다.

　부정적인 감정의 모든 걸 없애라는 말을 하고 싶은 게 아니다. 부정적인 감정이 찾아온 바로 그때, 감정을 없애라는 것이다. 의지력을 기르기 위한 부정적인 감정을 없애는 것에 도움이 되는 것은 흔히들 아는 '할 수 있다!'라는 말을 계속해서 되새기는 것이다. 그런 다음 이제 막 시작한 일에서 감사한 걸 하나씩 찾으면 된다.

　하지만 나는 좁은 세상에서 벗어나고 싶었다. 지나다니는 사람 한 명 마주하는 게 어려워 늘 피하기만 했던 세상을 걷는 걸 시작으로 삼았다. 예전에도 그런 적이 있었다. 그때는 마스크와 모자를 푹 눌러쓴 채로 저녁이 조금 지난 시간에 나와 걸었다. 그런데 그마저도 실패했었다. 사실 다른 사람 관점에서 본다면 '고작 산책하는 게 뭐가 어려워?'라고 말할 수도 있겠지만 나는 그게 너무 힘이 들었다. 그래서 이번에 시작으로 삼았을 때도 '고작 하루하고 치우면 어떡하지?' 싶었다.

나는 매일 잠자리에 들기 전에 "할 수 있다!"라는 말을 중얼거렸다. 미리 말을 하지 않으면 다음 날, 일어나는 것조차 버거웠기 때문에 나갈 수가 없었다. 그래서 초반에는 최면을 거는 것처럼 잠자리에 들기 전에 최소한 한 번씩은 말을 하고 잠자리에 들었다.

그리고 밖에 나가서는 내가 나갔기 때문에 감사한 일을 찾기 시작했다. 많이 말고 하루에 한 개, 두 개 정도씩 찾는 걸 시작으로 삼았다. 미세먼지 없이 맑은 하늘을 볼 수 있어서 감사하다, 찬바람을 맞을 수 있어 감사하다, 카페 아르바이트를 할 때 오가며 보던 나무 옆 벤치에 앉아 있을 수 있어 감사하다, 산책할 수 있는 두 다리가 있어 감사하다, 오가는 사람들을 볼 수 있어 감사하다. 감사함을 매일매일 조금씩 찾아가다 보니 어느새인가 밖에 나가 산책을 하는 게 즐거웠다. 힐링이 되었다. 그래서 요즘은 일부러 집으로 바로 가는 버스를 갈아타지 않고 집까지 1시간을 걸어간다.

이렇게 할 수 있다는 최면을 걸고 꾸준히 이어나가고 싶은 일에 관해 감사함을 하나둘 찾다 보면 지금 당신이 느끼는 부정적인 감정은 당신이 모르는 사이에 곁을 떠나가 있을 것이다.

마지막으로 '즐거움을 느끼기'이다. 내가 이렇게 책을 쓸 수 있도록 도

와주신 〈한책협〉의 대표 코치님께서 내게 하시던 말씀이 "즐겁게 하기."라는 말이었다. 우리는 그걸 알아야 한다. 말 한마디 뱉는 것으로, 어떤 생각을 하느냐에 따라 우리의 감정은 쉽게 바뀔 수 있다는 걸 말이다.

원고를 쓰는 건 내게 있어 꾸준히 이어나가야 하는 일이다. 좋은 이야기만 담은 책이 아니다 보니 중간중간 울어버릴 때도 있고 전과 같은 감정을 느낄 때가 있다. 그때마다 대표 코치님께서 카톡으로 보내주신 '즐겁게 하기.'라는 문구를 계속 떠올리고 입 밖으로도 뱉어본다. 그러면 신기하게도 원고를 쓰고 있는 지금이 즐겁게 느껴지고 평온한 감정으로 돌아올 수 있다.

과장해서 말하자면 1시간 만에 포기해도 괜찮다. 다시 할 수 있기만 하면 된다. 전에 시도했을 때보다는 더 잘할 수 있다는 점을 믿기만 하면 된다. 그렇게 매번 전과는 아주 조금이라도 성장하겠다는 마음으로 반복하다 보면 어느새 의식하지 않고도 자연스럽게 그걸 행하는 자신을 발견하게 될 것이다.

나는 당신을 믿는다. 그러니 당신도 당신을 믿어라.

자신을 가장
중요한 위치에 두어라

사람들 앞에 나서기가 어려웠던 나는 어릴 적부터 '조연'이 되는 것에 만족하자고 하는 마인드를 지니고 있었다. 아예 등장하지 않는 것도 아니니 조연이면 괜찮다고 그렇게 스스로 생각을 하며 살았다. 그렇게 스스로 조연의 위치에 있다고 생각을 했다. 하지만 객관적으로 봤을 때, 나는 조연도 되지 못했다. 단역. 그래, 딱 그 정도의 위치에 머물러 있었다.

우리가 살아가는 세상에 주연, 조연, 단역이 따로 정해져 있지는 않다. 이건 명백한 사실이다. 하지만 같은 공간에 머물러 있는 사람 중에서 주목을 받는 사람들은 정해져 있기 마련이다. 그리고 그 속에서 같이 어울려 노는 사람들이 있다. 또 그런 그들을 가만히 바라보고 있는 사람들이 있다. 나는 그런 사람이었다. 어울려 놀지 못하고 맴돌기만 하는 사람 말이다.

혼자였으나 혼자이지 않았다. 공동체 생활을 하다 보면 자연스럽게 무리가 형성된다. 어떻게 그 사이에 끼이게 되었는지는 모르겠다. 어쩌다보니 항상 어딘가에 들어가 있었다. 물론 들어가지 않던 해도 있었다. 하지만 운이 좋았던 건지 혼자만 덩그러니 있는 해를 보낸 적은 거의 없었다.

어디에 소속되어서 같이 시간을 보낸다는 점은 정말 좋았다. 하지만 그게 다였다. 나는 그곳에서 언제나 마음이 불편했다. 그들이 이야기를 주고받을 때면 나는 항상 입을 꾹 다물고만 있었다. 무슨 말을 해야 할지 몰랐다. 머릿속에서는 적신호가 울렸다. 온몸이 항상 경직되어 있으니 사실 친구들이 하는 말에 집중이 잘 되지 않았다. 내가 자칫 잘못 말을 하고 잘못 행동을 하면 버려질까 두려웠다.

학교에 다니다 보면 소위 '뒷담화'를 하는 걸 들을 때가 많다. 지나고 나서 보면 그들은 단지 뒷담화 대상으로 삼는 그 애가 '그냥' 싫어서 그런 짓을 할 뿐이었다. 별것도 아닌 것으로 트집을 잡아 입에 오르락내리락

하게 했다. 나는 친구들이 뒤에서 누군가의 이야기를 할 때면 그 대상을 나라고 생각하던 경향이 있던 듯했다. 외적인 모습을 제외하고 나머지는 어떻게든 조심하려 했다. 조심하려고 한들 손톱만큼이라도 자신들의 눈에 어긋나면 뒤에서 아무렇지 않게 입에 이름을 올린다는 걸 당시에는 미처 깨닫지 못했다.

그들은 정말 그저 '가만히' 있는 사람이 되면 입 어디에도 꺼내지 않았다. 깨닫지 못했던 나는 정말 가만히 있는 사람이 되고 말았다. 늘 뒤에 물러서서 그들을 지켜보기만 했다. 같이 참여하게 되는 날이 있으면 나를 제쳐두고 남이 하자는 대로 따라 하기만 하는 사람이 되어버린 지는 오래였다. 그렇게 나는 존재감이 없는 단역을 하는 사람이 되어 있었다.

나를 잃어버렸다. 내가 어떤 음식을 좋아하고 싫어하는지 몰랐다. 그걸 모른다는 이유로 한 번은 굉장히 스트레스를 많이 받았다. 고작 이것도 모르냐며 답답한 마음에 울어버리기도 했다. 자기 자신의 취향을 모른다는 게 그리 심각한 일이 아님에도 나는 무슨 안 좋은 일이라도 난 듯 예민해졌다.

2019년에 방영했던 드라마 〈어쩌다 발견한 하루〉를 뒤늦게 보게 됐다. 드라마는 엑스트라에 불과했던 두 인물이 자아가 생긴 후로 주체적으로 운명을 개척해나가는 스토리를 담고 있었다. 만화 속 주인공은 작가가 만든 스토리대로 흘러갈 수밖에 없다. 하지만 이 드라마에서는 그걸 깼다. 정해진 운명이 있지만, 만화 속의 엑스트라는 그 운명을 따르지 않고 직접 선택하기로 마음을 먹었다. 주인공을 밝혀주기 위해 존재하는 게 아닌, 자신을 위해 살아가기로 마음을 먹었다.

"널 중심으로 세상을 봐. 그럼 네가 주인공이야."

드라마를 보던 중, 귀에 꽂힌 대사에 잠자코 생각에 잠겼다. '내가 중심인 세상'을 본 적이 있었던가. 나에 대해 알고 싶어 했던 적이 있었나? 내가 지금 느끼는 감정이 무엇인지 알고 있나? 의문이 마구마구 피어올랐다.

내 인생은 내가 살아간다. 다른 그 누구도 대신 나의 인생을 살아줄 수 없다. 인생을 살아가면서 많은 선택지가 놓인 순간에 봉착하게 된다. 그때 필요한 건, 다른 누구의 생각도 아닌 오로지 내 생각만이 필요하다.

다른 사람이 중심인 세상에 산다면, 가장 결정적인 선택지를 남이 선택하게 그냥 내버려두게 된다. 내가 지금 느끼고 싶은 감정, 하는 생각, 할 행동. 모든 게 내 뜻이 아닌 남의 뜻이 되어버린다.

내 인생을 내가 선택할 수 있는, 내가 중심인 세상은 그럼 어떻게 만들어나가야 할까? 그건 바로 내 결정에 대한 권한을 남에게 주지 않으면 된다. 다른 사람의 눈치를 보며 선택을 하는 것이 아닌, 스스로 질문을 하고 선택하는 것이다. 내가 지금 어떤 걸 필요로 하는지, 원하는 것은 무엇인지 계속 질문을 하고 답을 하면 된다.

간혹 결정하는 것을 아예 남에게 맡겨버리는 사람이 있다. 스스로 결정을 내리지 못하는 우유부단함, 혹은 자신의 결정에 대한 책임을 지는 게 어려워 미뤄버리는 것일 수도 있다. 이런 이유로 자신의 손에 쥐어진 선택지 중, 어느 것도 선택하지 않는다면 훗날 후회는 고스란히 자신에게로 돌아온다. 자신을 책망한다. 남의 뜻대로 살아온 삶, 다른 누구도 아닌 자신이 만들었다는 이유만으로 자신을 스스로 질타하게 된다. 그러니 스스로 선택하는 날들을 만들도록 하자.

세상 모든 사람의 뜻에 맞추어 살아갈 수 없다. 누군가에게 잘 보이기 위해서, 혼자 남기가 싫어서, 누군가에게 버림을 받고 싶지 않다는 이유로 자신을 버리고 다른 사람의 뜻에 맞춰 살아가겠다고 한들, 모두를 만족시킬 수 없다. 사람마다 취향도 다르고 살아온 패턴도 다 다르다. 그들을 다 만족시키고 원만하게 잘 살아가기 위해 그 사람에게 맞춰 나를 자꾸 바꾸려 한다면 과부하가 걸려 모든 일상을 중지시키는 것은 내가 된다.

당신은 모두를 만족시키려고 애를 썼다. 그럼 당신의 만족은 도대체 누가 채워준다는 말인가? 스스로 만족감을 느끼지도 못한 채, 앞으로 나아가는 삶에 정지 버튼을 누른다는 건 자신에게 가혹한 일이 아닐 수가 없다.

나의 만족, 나의 행복은 오롯이 나만이 채워줄 수가 있다. 처음은 더 나은 삶, 내가 편안한 삶을 살아가기 위해 선택한 것이 다른 사람을 먼저 챙겨보는 것이었으니, 그 대상을 바꿔보자. 다른 사람의 눈치를 보며 그들이 하자는 대로 쭉 따라오기만 한 결과가 나 자신을 잃어버렸다는 것이라는 걸 알았으니 다시는 같은 길로 들어서지 않도록 하면 된다. 우리의 선택은 잘못된 것도, 틀린 것도 아니다.

정답이 정해지지 않은 선택지에 답은 없다. 이렇게 윤택한 삶을 살아가기 위한 배움이었다며 유연하게 넘기고 지금, 이 순간부터 나를 위한 인생을 살자.

삶은 선택의 연속이며, 그 선택 중 실패도 할 수 있고 성공도 할 수 있음에 두려워 말자. 선택에 대한 실패와 좌절을 했기 때문에 누구보다 현명한 선택을 하는 자신이 되어 있을 테니 말이다.

가상 이야기 속의 내용은 주인공을 위주로 돌아간다. 작가가 설정한 주인공 말이다. 그들은 실패를 두려워하지 않는다. 스스로 결정을 내리고 행동한다. 실패를 발판 삼아 다시 앞으로 나아간다. 포기하지 않고 목표를 향해 달려가 결국 이뤄내는 끝을 맺는다.

우리는 우리 인생의 작가이다. 그렇다면 당신은 누구를 주인공으로 설정할 것인가? 당신은 스스로 행복을 선택할 수 있는 현명한 사람이라는 점을 잊지 마라.

당신의 세상은 이미 당신을 중심으로 돌아가는 중이다.

06

습관적인 감사를
몸에 새기자

중학교 2학년, 화가 많을 때의 일이다. 감정 기복이 심했던 내게 엄마
께서 별안간 감사일기를 써보라고 하셨다. "일기면 일기지, 감사일기가
뭐야?"라는 나의 물음에 하루에 다섯 개 정도의 감사한 일을 적는 것이
라고 하셨다. 감사일기를 쓰는 이유가 궁금했던 난 엄마께 다시 여쭤봤
다. 그걸 쓰면 뭐가 좋으냐고. 엄마의 답은 이러했다.

"매일 감사한 일을 적다 보면 자신도 모르게 긍정적인 마음가짐으로
살아가게 돼."

하루에 다섯 개 정도의 감사한 일이 있었나. 한참 고민을 했다. 적을까, 말까 한 달 정도를 고민하고 난 후에야 나는 공책을 마련해 적기 시작했다.

감사일기를 쓰면서 큰 사건들이 생각보다 많이 일어나지 않는다는 걸 알게 됐다. 처음에는 누가 보기에도 감사한 것들을 적었다가 뒤로 갈수록 작은 걸 썼다. 좋아하는 연예인의 드라마를 볼 수 있어서 감사한다든지, 노래를 들을 수 있어 감사하다든지 등과 같이 일상에서 우리가 쉽게 하는 것들 말이다.

노트 한 권을 빼곡히 채우고 뒤에 A4용지를 몇 장 잘라 붙이는 것으로 나의 감사일기는 끝이 났다. 노트를 다 썼으니 새로 사야 했는데, 그걸 잊었다. 잊고 있다 보니 어느샌가 무뎌지는 바람에 쓰는 걸 멈췄다.

'감사일기'라는 존재가 잊힌 지 오랜 시간이 지나 『시크릿』이라는 책을 읽고 영화를 봤다. 그 속에서 '감사함'을 이야기할 때, 중학생 시절 엄마께서 알려주신 '감사일기'가 생각이 났다. 당시 인생에서 가장 마음이 불안정한 시기였을 때라 감사일기를 적는다고 하자니 적을 게 없었다. 그래서 영화에서 본 대로 따라 했다.

오전에 일어날 수 있어서 감사하다고 말을 했다. 양치를 할 수 있어서, 산책을 할 수 있어서, 날이 좋아서, 빗소리를 들을 수 있어서, 바람을 맞을 수 있어서, 가족을 볼 수 있어서 감사하다고 매 순간 입으로 중얼거렸다. 횡단보도에서 기다릴 필요 없이 초록 불이 바로 오는 순간마다 감사하다고 인사를 자주 했더니 며칠 동안은 횡단보도에 서서 기다리지 않고 바로 길을 갈 수가 있었다.

마음이 안정되지 않고 아주 불안정하던 때에 등산이 가고 싶었다. 첫 등산이기도 하고 혼자 가겠다고 마음을 먹으면 흐지부지될지도 모를 것 같은 마음에 소중한 친구에게 같이 가자고 말을 하고 약속을 잡았다. 그렇게 약속 날, 친구를 만나 등산을 하기 위해 버스를 탔다.

버스에서 내려서 먼저 가져온 빵으로 허기진 배를 간신히 달랬다. 그리고 등산화, 등산 스틱, 밥, 간식 그 어떤 것도 없이 맨몸으로 산에 올라가기 시작했다. 분명 오전 7시에 집에서 나와 10시가 되기 직전, 버스에서 내려 등산을 시작했는데 13시가 넘어도 정상을 보지 못했다. 먹은 거라고는 빵 조금이 다라서 배가 너무 고팠다. 다리가 덜덜 떨리고 어질어질했다. 그래도 와중에 맑은 물을 볼 수 있어서, 손을 담가 볼 수 있어서, 고요함을 느낄 수 있어서, 새소리를 들을 수 있어서, 앉아 쉴 수 있는 돌계단이 있어서 감사하다는 말을 내뱉었다.

14시가 넘어서야 우리는 정상에 올랐다. 높은 곳에 올라가 밑을 내려다보는 모습이 정말 근사했다. 마음이 뻥 뚫리는 느낌이었다. 생각보다 사람이 꽤 있기도 했고 마땅히 앉아서 쉴 만한 공간이 없었기에 명상을 하려 했던 마음을 접었다. 대신 앞에 놓인 광경을 넋 놓고 바라봤다. 살아 있기 때문에 볼 수 있었던 장면이었다. 그 사실 하나에 너무나도 감사함이 느껴졌다. 케이블카도 타지 않고 처음부터 끝까지 올라왔기에 더욱 감사한 풍경이었다.

내려갈 때는 케이블카를 타고 가자고 이야기를 나눴다. 케이블카 시간은 정해져 있었고 우리는 그 시간까지 가야만 했다. 내려가는 길이니까, 케이블카를 타니까 금방 내려올 거라는 예상은 깨져버렸다. 14시 20분 정도쯤에 내려가기 시작했는데 시간은 어느덧 15시가 훌쩍 지나 있었다. 운동화 때문에 자꾸 미끄러질 뻔하지, 배는 고프지, 다리는 너무 후들거리지. 총체적 난국이었다.

돌에 미끄러질 뻔해서 잠깐 주저앉았다. 배가 너무 고파 힘이 없었다. 누가 지나가면서 먹을 걸 좀 나눠주셨으면 참 감사하겠다고 '멍하니' 속으로 생각했다. 그런데 그때 신기하게도 구세주처럼 어르신 두 분을 만났다. 우리의 모습을 보시고 말을 걸어주셨다. 그리고 가시기 전에 밥을 먹지 않은 우리에게 귤과 사탕을 한 움큼 주시고 자리를 뜨셨다. 두 분이 떠나시고 귤을 까서 먹었는데 살면서 그렇게 맛있는 귤은 난생처음이었다. 당이 떨어져 어질하던 찰나 귤로 배를 조금 채우고 사탕까지 먹으니 완벽 그 자체였다. 그뿐만이 아니라 나중에는 가다가 도중에 지칠 때 "힘내요! 파이팅!"이라고 전해주시는 분들을 만날 수가 있었다.

이날 하루는 참 고됐지만 감사한 날이었다. 버스를 타기 위해 정류장에 도착하는 족족 '전 정류장'이었다. 지나칠 수도 있었는데 말을 걸어주시고 간식을 주신 분들이 계셨다. 힘들어서 멈춰서서 숨을 고를 때, 힘내라고 말을 해주시는 분들을 만났다. 잠깐 산에서 길을 헤매던 중에 길을 아시는 분께서 나타나셔서 덕분에 따라갈 수 있었다.

내가 하고 싶은 말은 감사하다는 말을 주기적으로 하고 감사함을 느낀다면 감사할 수 있는 일이 계속해서 찾아온다는 것이다. 그리고 그렇게 감사한 일이 매번 찾아오다 보면 어느샌가 마음도 긍정적으로 세상을 바라보게 된다. 불평, 불만으로 가득 찼던 일이 더는 불평과 불만이 아니게 된다.

등산 때 있었던 고마운 일로 인해 가끔 그분들께서 주신 사탕을 보면 감사한 마음이 자동으로 차오른다. 꼭 힘들고 지쳐 주저앉을 때, 세상엔 도움을 줄 수 있는 사람들이 있다는 걸 알려주는 느낌이었다.

나는 작은 것에도 감사함을 느끼는 사람을 보게 될 때면 늘 신기함을 가졌다. '우리가 늘 당연하게 일상에서 할 수 있는 것들인데 저게 감사할 수가 있나?'라는 생각을 하고 있었다. 가끔 말로는 세상에 당연한 것은 없다고 하지만 정작 내면에서 지니고 있던 생각은 아니었다.

그런데 감사를 꾸준히 말하고 쓰다 보면 우리가 당연히 느끼는 일상은 당연한 것이 아님을 알게 됐다. 전과 달리 요즘은 자기 계발을 하는 사람이 월등히 많아졌다. 그리고 '감사'라는 마음이 얼마나 중요한지 아는 사람도 많아졌다. 요즘은 SNS부터 시작해서 사람들과 소통을 할 수 있는 방법들이 다양해졌다. 그곳에 '감사일기'를 검색하게 되어 다른 사람들이 쓴 걸 보게 될 때면 내가 생각하지 않고 당연하게 넘어갔던 일이 당연하지 않은 일이라는 걸 매번 깨닫게 된다.

부정적인 생각이 떠올라 불안할 때도 감사를 말하면 도움이 된다. 나도 이 말을 믿지 않았다. 고작 말인데, 이게 마음까지도 움직일 수가 있을까? 하지만 아르바이트하던 중간중간 심장이 쿵쿵 뛰고 땀이 날 때, 감사하다는 말을 마스크 안에서 중얼거렸다. 그럼 신기하게도 약을 먹은 것처럼 괜찮아졌다. 감사를 통해 긍정적인 마음을 끌어올릴 수 있다는 걸 그때 느낄 수 있었다.

설마 싶을 수도 있지만, 당신도 마음이 불안정한 순간이 온다면 무언가 감사하다는 말을 계속 중얼거려보기를 바란다. 단, 무작정 감사하다고 중얼거리는 것보다는 지금 당신이 처한 상황에서 감사하지 않더라도 괜찮은 일 하나를 꼽아 감사하다고 말하길 바란다. 그 상황에서 명확하게 감사한 일이 존재한다면 더 확실하게 효과가 따라올 테니 말이다.

삶을 변화시키기는 데는 거창한 것이 필요 없다. 일상에서 아주 작은 하나씩 바꾸어나가다 보면 큰 내가 되어 있는 걸 발견하게 될 것이다.

작은 시작으로 감사하다는 표현을 조금씩 스스로 해나간다면 자신도

인지하지 못한 채, 멈춰 있지 않고 앞으로 점점 나아가는 긍정적인 '나'가

되어 있을 것이다.

07

지금 할 수 있는
일을 하자

우울함이 찾아오면 어떻게 행동을 해야 하는지 감이 잡히지 않았다. 속수무책으로 잠식되기만 했다. 그래서 우울함이 찾아왔는지, 아닌지도 모른 채 의욕 없는 삶을 살아갔다.

가끔 열심히 사는 사람을 보면 나도 저렇게 살아야 한다는 마음이 차오를 때가 있었다. 그때마다 무언가라도 해보자며 자리에 앉아 컴퓨터를 켰다. 무얼 하면 좋을지 정리를 하기 위해서 말이다. 그때마다 적었던 것들은 그들이 열심히 하는 새벽 기상, 조깅, 운동, 공부 등이었다. 마음을 굳게 먹어야만 행할 수 있는 것들. 이런 것들을 하기 위해서는 힘이 필요했다. 하지만 내게는 그런 힘이 존재하지 않았다. 하루, 이틀, 사흘을 계속 실패하다 보니 자연스레 포기하게 되었다. 포기하는 삶을 살아오다 보니 어느 순간부터 정말 아무것도 하지 않는 사람이 되어버렸다. 침대에서 일어날 힘도 없어 그저 누워 있기만 했다. 눈을 뜨는 것도 버겁다며 방문을 잠그고 종일 잠만 자려 눈을 감았다. 밥을 먹는 것도 힘이 들었다.

그러다 불현듯 앞으로 이렇게 살아가면 큰일 날 것만 같은 불안감이 들 때가 있었다. 당장 뭘 해야 할지도 모르는데 앞에 놓인 생은 까마득하게 길어 답답한 마음이 가시지 않았다. 이렇게 살다가 그냥 콱 죽어버리자고 생각했던 가벼운 마음은 훗날 더 큰 무게로 돌아와 나의 어깨 위에 얹혔다.

당신이 만약에 지독한 우울감에 허덕거리고 있다면 가장 먼저 할 수 있는 일이 무엇인지 떠올릴 수 있겠는가? 아마 그렇지 못할 것이다. 주변 사람들로부터 밖을 조금씩 나가봐라, 주위부터 청소해라 등의 소리를 듣게 되겠지만 결코 그걸 해낼 힘은 없을 것이다. 그럼 무엇을 먼저 해야 할지 상상이 가는가? 정말 상상도 하지 못할 만큼 작은 것부터 시작하면 된다.

우리는 알고 있다. 우리가 얼마나 살지는 모르지만 살아갈 날은 길다는 것을 말이다. 그렇다면 생각을 해야 한다. 긴 인생 어떻게 살아가고 싶은지. 구체적인 계획은 필요 없다. '긍정적으로 살고 싶다.', '행복한 날로 가득 찼으면 좋겠다.' 등과 같이 간결하게 먼저 답을 내면 된다.

삶의 연속성에 공포를 느끼며 울 때, 무릎 꿇고 누구에게 비는지도 모른 채 빌 때, 끝에는 어떻게 살아가고 싶은지에 대해 생각을 했다. 그 당시처럼 정체된 삶 말고 앞으로 점점 나아가는 삶을 살고 싶다고 생각했다. 현실과의 차이가 크긴 하지만, 인정하기로 했다. 현실의 나는 내가 바라는 나와 달리 초라하고 하찮으며 거리가 먼 것을. 하지만 그건 지금일 뿐이라는 것도. 그리고 알아차려야 했다. 지금, 이 순간부터 내가 어떻게 행동하느냐에 따라 원하는 삶을 얻을 수 있는지가 결정된다는 것을.

이게 내가 했던 사소한 행동이었다. 아무런 힘도 없는 내가 할 수 있는 최대한의 행동. 내가 어떤 삶을 살고 싶은지 생각하고, 그 생각의 끝에 깨달음을 얻는 것 말이다. 사실 이 모든 과정을 하지 않고 바로 움직이게 되는 사람이 있긴 하겠지만, 그런 사람 또한 이렇게 살면 안 되겠다는 마음으로 청소를 하는 것을, 밖을 나가는 것을 택했을 것이다. 앞으로의 인생을 어떻게 살지 해답을 구하는 일이 너무 멀게 느껴지고 생각이 떠오르지 않는다면 오늘 밤에 어떤 마음으로 잠자리에 들고 싶은지를, 내일 어떤 마음으로 일어나고 싶은지를 생각해보기를 바란다. 앞으로 살아갈 자신이 어떤 마음가짐으로 살아갈 것인지를 결정하는 것이 일어날 힘도 없는 자신에게 가장 중요한 것이자 당장 행할 수 있는 행동이다. 그렇게 매번 생각하다 보면 무언가 느껴지는 게 있을 것이다. 무기력한 자신의 현재 상황에서 벗어날 수 있는 또 다른 행동을 할 수 있도록 이끌게 될 것이다.

나 같은 경우는 이러한 생각의 끝에 나온 게 발전하는 사람이 되기였다. 죽을 힘도, 용기도 없이 살아버렸다. 그렇게 버티고 온 세월이 너무 안쓰러운 마음에, 이렇게 살면 정말 큰 후회 속에서만 살아가게 될 것만 같았다. 그래서 다음으로 선택한 가장 작은 행동이 방문을 나가는 것이었다. 그렇게 순차적으로 하루도 빠짐없이 샤워하기, 설거지하기, 방 정리하기 등으로 차츰 몸을 움직였다.

집안에서의 생활을 며칠 반복하다 밖으로 나가 걷기 시작했다. 처음은 기분이 좋아질 만한 노래들을 들으며 땅과 하늘만 번갈아 바라봤다. 다음은 주변 풍경을 둘러봤다. 그리고 다음은 지나가는 사람을 구경하며 벤치에 가만히 앉아도 봤다. 밖에 나가는 것이 익숙해질 때쯤에는 감사한 마음을 간직하며 산책을 하기 시작했다.

그렇게 다음으로는 등산을 다녀왔다. 그리고 다음으로는 학창 시절부터 가고 싶었으나 혼자서는 못 갈 것으로 생각했던 갓바위를 버스를 타고 가 주기적으로 올라갔다.

순차적으로 당장 내가 할 수 있는 것만을 두고 했다. 적진 않았지만,

가만히 앉아서 할 수 있는 명상도 시작하고 확언도 시작했다. 도서관에 가서 보지 않았던 자기 계발 관련 책을 보기 시작했다. 그리고 책을 조금씩 샀다. 정말 잠깐이긴 했으나 하고 싶던 작곡을 서울에서 배우기도 했다.

이렇게 점진적으로 아주 작은 것부터 시작할 때, 누군가는 "이게 뭐가 어려워서 못 한다는 거야?"라고 생각할지도 모른다. 그리고 자신 또한 고작 이런 것조차 제대로 하지 못하는 자신을 보며 짜증이 날지도 모른다. 하지만 무기력을 겪는 우리는 안다. 작은 움직임을 위해 많은 힘이 필요하다는 걸. 그러니 하루 중, 아주 조금이라도 시도하고 움직인 자신에게 짜증 말고 대신에 칭찬을 줘라. 그래야 자꾸만 앞으로 나아갈 힘이 생길 것이다.

삶에 지친 자신을 위해 무기력을 겪은 것은 당신의 선택이다. 인지했든, 하지 못했든 결국 이 길로 들어선 것은 당신의 선택들이 모여 만들어진 것이 분명하다. 그럼 그런 선택은 왜 이루어진 것일까?

지쳐 있는 자신을 조금이라도 쉬게 하고 싶은 마음에 택한 것이다. 자신을 위한 선택이었다. 모두에게 해당하는 말은 아니지만, 우울감을 가지고 무기력을 겪는 다수의 사람은 자기 자신을 싫어한다. 무능력한 자신을 보며 괴로워한다. 하지만 알고 가자. 결국, 그 모든 것들은 당신이 당신을 사랑하기 때문에 나온 것들이라는 걸.

쉬는 걸 택한 건, 다른 것에 스트레스받는 자신을 보호하기 위함이고 무능력한 자신을 탓하는 것은 자신이 더 능력이 있는 사람으로 발전했으면 하는 바람인 거다. 처음 내가 이 생각을 했을 때, 거짓말이라고 말했던 것처럼 아니라고 할 사람이 많을 것이다. 하지만 인정하고 넘어가면 마음이 편하다. 사랑하는 자신을 위해 고작 이렇게밖에 행하지 못한 자신이 또 미워질 수도 있다. 하지만 생각해보자. 사랑하는 사람들을 대하는 태도가 과연 모두가 한결같이 좋기만 한지 말이다. 사람에 따라 다르고, 상황에 따라 다르고 그날의 기분에 따라 다르게 행동을 한다. 당신도 당신에게 그러했을 뿐이다.

당신을 사랑하는 방식을 조금 바꾸자. 무기력해서 힘든 자신을 지금 발견했을 것이다. 이 책을 읽는 지금 당신은 당신의 현 상황에서 벗어나고 싶기에 집어 들었을 확률이 매우 높다. 못 한 자신에 집중하지 말고 뭐라도 한 자신을 떠올리며 자랑스러워하자. 정말 작은 거라도 말이다. 오늘 하루 미소를 지은 것, 크게 웃어본 것, 잠깐 밖에 다녀온 것, 밥을 먹은 것 등 말이다.

우리가 지금 할 수 있는 일은 소중한 당신을 위해 어떤 마음으로 앞으로 살아갈지를 생각하는 거다. 길게 생각해서는 안 된다. 아주 짧은 시간, 단번에 떠오르는 걸 메모한 후, 누워 있는 지금 바로 움직일 수 있는 걸 하면 된다. 큰 계획을 잡을 필요 없다. 작은 것부터 시작한다면 다음 행동은 자연스럽게 떠올려지게 될 거다.

감정을 내 편으로

만들면 인생이 쉬워진다

5장

감정을 내 편으로 만들면
인생이 쉬워진다

"아, 오늘 일진이 안 좋아."

"오늘따라 뭐가 이렇게 운이 없냐."

우리는 살면서 이러한 말을 아무렇지 않게 내뱉곤 한다. 하루를 늦잠과 지각으로 시작을 하는 날이면 유독 더 그렇다고 느끼게 된다.

중학생 때부터 학교와 집까지의 거리가 약 1시간이 걸렸다. 그래서 학교에 가기 위해서는 일찍 잠에서 깨야만 했다. 대부분 지각하지 않고 학교에 다녔는데, 지각하게 된 날이 있었다. 밤에 자꾸 늦게 잠을 자다 보니 아침에 일어나는 게 쉽지 않았다. 그날도 잠을 위해 알람을 꺼버렸다.

물론 5분만 더 자겠다는 이유에서였다. 그렇게 7시 40분까지 등교를 위해 6시 30분~40분 정도에 나왔어야 할 나는 7시가 다 돼서야 잠자리에서 일어났다.

지각이라는 걸 인지하고 나니 심장이 쿵쿵 뛰기 시작했다. 양치도 하지 않은 채, 정말 옷만 갈아입고 후다닥 나왔다. 택시를 타고 가야 지각을 면할 수 있을 것 같았다. 그래서 택시 승차장에서 택시를 기다렸다. 택시가 오지 않길래 전화도 해봤지만, 근처에 배정 가능한 택시가 없다는 말만 들려왔다. 결국, 버스를 타고 학교로 갔다. 버스 안에서는 이미 늦은 시간이라는 걸 알려주는 듯 교복을 입은 학생이 거의 없었다. 빨리 갔으면 하는 바람이 큰데 이상하게 그날은 유난히 가는 길마다 신호에 걸려 멈춰 세워졌다.

스트레스를 잔뜩 받아 도착한 학교 교문 앞에서 당연히 지각으로 걸릴 수밖에 없었다. 명단을 적고 영어 시가 적힌 종이를 받았다. 서서 시를 다 외운 후, 검사를 받아야 했다. 수업 시작 10분 전 정도가 되면 종이를 걷고 교실로 보내주셨다. 하루를 다 쓴 것도 아닌데 이미 다 쓴 것처럼 기분이 나빠진다. 하루에 발생하는 일 중 사소하게 작은 나쁜 일들이 꼭 오전부터 늦잠을 잤기 때문에 일어난 것만 같이 기분이 좋지 않다.

이처럼 하루의 시작부터 감정을 상하는 일이 있지만, 하루의 중간부터 감정이 극도로 나빠지는 경우가 있다. 예를 들어, 진상 고객을 만난다거나 길을 가다 이기적인 운전자로부터 욕을 듣게 되는 경우 말이다. 한 번 이런 일을 겪으면 나는 종일 그 생각을 한다. 내가 그게 욕을 먹을 사건이었는지 말이다.

나는 감정이 침체가 잘되는 편이다. 하루의 시작부터 원하는 대로 흘러가지 않아 감정이 상하게 되는 경우는 학교 다닐 때뿐만 아닌 성인이 된 지금도 원하던 시간에 일어나지 않으면 짜증이 났고 계획하던 모든 일이 틀어지는 느낌이었다.

이것 말고도 아르바이트를 하던 도중, 물건을 깨트리는 실수, 진상 고객을 만난다거나 실수로 인해 혼이 나게 되는 경우가 생긴다면 그 시점부터 쭉 기분이 좋지 않았다. 기분 나쁜 경우도 있었지만, 죄송스러운 마음에 더욱 그런 편이었다.

어떤 일에 쉽게 감정이 흔들리지 않는 사람이 있다. 대처하는 능력이 뛰어난 건지, 낙천적인 건지 알 수는 없지만 늘 평온함을 그대로 유지하는 사람이 있다. 그런 사람들을 보면 부러웠다. 어떤 상황에 의해 감정의 변화가 좌우되지 않는 사람이 되고 싶은데, 그게 잘되지 않았기 때문에 말이다.

평생 고치지 못한 채로 이렇게 살아갈 것만 같았다. 하지만 확언의 중요성을 깨달은 후부터는 어떤 상황에서도 감정을 유지할 수 있게 됐다.

스스로 계속해서 "나는 내 기분이 더 중요해.", "이런 일로 내 기분이 우울해지고 싶지 않아.", "나는 좋은 기분을 유지할 수 있어."라고 말을 해주었다. 처음은 평소처럼 갈대같이 흔들거리기만 했다. 다른 사람의 반응에 흔들리고 예기치 못한 상황에 머뭇거렸다. 그런데도 포기하지 않고 나에게 말을 해주다 보니 언제부턴가 아무렇지 않게 어깨만 으쓱이는 나를 발견하게 됐다. 간혹 감정이 상하는 경우가 있긴 하지만 탄력성을 지닌 건지, 금방 원래대로 돌아올 수가 있었다.

시내에 엄마와 함께 텐동을 먹으러 간 적이 있다. 시내 안, 골목을 다니던 중에 차 한 대가 왔었다. 보행자 우선이 맞기도 하고 차와 거리가 조금 있는 상태라 맞은편으로 먼저 걸음을 옮겼다. 그런데 웃기게도 그 차 운전자가 지나가면서 창문을 내리고서 나를 보며 "시발년이."라는 상스러운 말을 했다. 그 좁은 골목의 맞은편으로 가는 데 몇 분이 걸리는 것도 아닌 고작 몇 초 정도가 다인데 그걸 못 참아서 욕을 한다는 것에 열을 받았다.

또 하루는 언니, 형부와 함께 산책하고 있었다. 강변을 따라 걷다가 이제 벗어나려고 자전거도로를 가로질렀다. 그럴 수밖에 없는 구조이기도 했고 말이다. 옆에 자전거가 보이지 않았다. 자전거 도로를 우리가 다 가로지를 때쯤 뒤를 지나쳐간 자전거 운전자가 뒤에서 "콱 박아버릴까."라며 화를 내고 가는 음성이 들렸다. 어처구니가 없었다.

다 큰 성인들이 다른 사람에 대한 배려가 얼마나 없으면 저런 말을 아무렇지 않게 하나 싶었다. 두 상황을 겪던 당시, 당연히 나도 사람이다 보니 순간적으로 화가 훅 나긴 했다. 딱히 잘못한 것도 없는데 저런 말을 들었다는 게 말이다.

하지만 이미 벌어진 일, 계속 화가 난 감정을 유지하고 싶은 마음은 추호도 없었다. 같이 소리를 지르며 말을 뱉고 싶지는 않았다. 그래서 스스로 나 자신에게 계속 "저런 사람으로 인해 소중한 내 기분이 더럽히지는 건 싫어.", "나는 내 감정이 더 중요해."라고 말을 했다. 당한 건 억울하지만, 머지않아서 그 사람들에게는 나 대신 상황이 복수해줄 거라는 생각을 덤으로 하면서 말이다.

이렇게 생각을 하고 나니 감정이 다시 평온해졌다. 전과 같았으면 온종일 그 생각에 이를 바득바득 갈았다가도 소심한 성격 탓에 아무런 말도 하지 못하는 자신에 울적해지는 걸 반복했을 텐데 말이다.

아르바이트 하는 곳은 셀링이 위주인 곳이다. 항상 누군가에게 거절을 당하는 게 겁이 났다. 거절을 한 번 당하고 나면 기분이 상한 것도 상한 거지만, 자존감이 낮아졌다. 개개인은 자유의지가 있고 그 선택은 존중받아 마땅한 것이라는 걸 알지만, 자존감 바닥이었던 나는 꼭 내가 거절당하는 느낌에 더욱 기분이 좋지 않았다. 늘 말하기를 망설였다.

감정을 유지하는 방법을 어느 정도 터득하고 난 이후부터는 아르바이트하는 곳에서도 스스로 계속 중얼거렸다. 휴게하러 창고에 들어가서도 계속 괜찮다며 말을 걸곤 했다.

"사람마다 선택은 할 수 있으니까. 나는 선택지를 하나 더 주는 것뿐이고 그분들이 선택하는 거야. 거절당한다고 해서 내가 거절당하는 게 아니야. 나는 소중해. 거절당함으로 인해 내 감정이 무너지지 않았으면 좋겠어."

이렇게 말을 꾸준히 두 달 정도 하고 나니 누군가에게 셀링을 하는 것도 괜찮아졌다. 매달 30~60만 원 사이를 팔던 게 100만 원 가까이 가더니 넘는 달도 있었다. 사실 달의 끝에 총판매량을 보는 게 아닌지라 정확히 얼마를 팔았는지 모르겠으나 요즘 점장님께 딱히 듣는 말이 없는 것으로 보아 괜찮은 듯하다. 물론 다시 듣게 되는 달이 있을지도 모르지만, 확신하는 건 거절하는 게 무서워 아무런 말도 하지 못한 내가 아닐 거라는 점이다.

이렇게 감정을 스스로 통제가 가능하니 좋은 점은 감정으로 인해서 앓는 일이 없어진다는 거다. 그리고 다른 사람의 감정 또한 존중하는 게 더 쉬워졌다. 그 사람이 나로 인해 저렇게 감정이 상한 건 아니라는 걸 확실히 알게 됐기 때문에 말이다. 전에는 그 사람의 표정 하나하나, 말투 하나하나 다 의식하며 살았지만, 확실히 덜해졌음을 느끼고 있다.

우리의 감정은 무척이나 소중하다. 다른 그 어떤 것들로 인해 감정을 상하게 두기에는 우리 자체가 너무 소중한 존재이다. 그 점을 꼭 잊지 말고 명심해두기를 바란다. 당신은 당신의 감정이 언제나 평온하게 유지되기를 바라는 사람이다. 그리고 그 평온함을 유지하게 만드는 사람은 우리 자신뿐이다.

나는
소중한 사람이다

내가 '나'로 태어난 이유는 '나의 삶'을 살기 위해서인데 이걸 망각하고 살아가는 사람이 너무나 많다. 자신이 아닌 다른 사람에게 맞추어 삶을 살아간다. 또 다른 누군가는 다른 사람에게 맞추어 삶을 살아가는 걸 넘어 최대한 자신을 드러내지 않으려 포기하고 사는 삶을 사는 사람도 있다.

사람들의 시선을 받는 게 두려웠다. 특출나게 잘난 게 있던 사람도 아니었고 이목을 끌 만한 매력도 지닌 사람이 아니었기 때문에 누군가의 시선을 받을 것도 없었음에도 하나의 시선이라도 나를 향하고 있다는 게 두려웠다. 그래서 최대한 눈에 띄지 않으려 행동을 하곤 했다.

그러다 보니 의견을 내세우기보다는 따라가는 쪽의 사람이 되었다. 그리고 하고 싶은 게 있어도 한 발 물러서서 다른 사람이 할 수 있도록 공간을 마련해주는 사람이 되었다. 어릴 적 누군가로부터 "넌 못 해."라는 말을 들은 뒤로부터는 뒤에 멀찍이 떨어져 있는 편이 편했다. 혹시나 하고 한 발 앞으로 갔다가 "그럼 그렇지."라는 말을 듣게 될까, 겁이 났기 때문이다.

다른 사람의 눈치를 보고, 내가 하고 싶은 걸 포기하며 살아가는 동안 얻은 거라곤 다른 사람의 비위를 맞춰줄 수 있다는 점뿐이었다. 편할 것으로 생각하고 했던 작은 행동은 얻은 건 없으며 잃은 건 많은 사람으로 만들었다.

시간을 잃었다. 의욕을 잃었다. 스스로 행동할 수 있는 방법도 잃었다. 그리고 자신감을 잃었다. 나를 잃었다.

항상 다른 사람이 정해주는 대로 끌려가는 삶만 살다 보니 당장 내 인생을 살아야 하는 처지에서 어떻게 해야 할지 감이 잡히지 않았다. 학교에서 하라는 대로, 친구들이 하자는 대로 삶만 살다 보니 자기 주도적으로 해낸 건 하나도 없었다. 무언가를 제힘으로 해내본 적이 없으니 할 수 없다는 생각만이 주야장천 들어 나를 괴롭혔다. 혼자 해낸 게 없다는 생각으로, 나는 너무 못났다는 생각으로 자신감을 잃었다.

하나둘 잃고 지나와 보니 나에 대한 걸 하나도 알 수가 없었다. 사전에 등록되어 있는 단어처럼 나를 나타낼 수 있는, 나에 관한 설명이 적혀 있어야만 할 거 같았다. 그래서 무작정 생각해낸 것들을 적어 내려갔다. 좋아하는 색상, 옷 스타일, 음식 등을 적어 주기적으로 보기 시작했다. 그런데 이상하게도 보면 볼수록 이질감이 들었다. 꼭 좋아해야만 한다고 억지로 주입하게 하는 듯한 느낌이 들었다.

당시 좋아하던 색상으로 꼽은 게 노란색. 사실 나는 노란색을 그다지 많이 좋아하던 사람이 아니었다. 늘 사람을 만나면 좋아한다고 말을 하긴 했으나 내가 좋아하는 색상이라기보다는 내가 응원하는 연예인이 좋아하던 색상이었다. 물론 계속 예쁘다, 예쁘다고 말을 하고 생각을 하니 예뻐 보이기는 했으나 단지 그뿐이었다. 어떤 색에 빠져 좋아하는 사람들은 그에 관련된 물건들을 가지고 있는 걸 보고 가방, 필통, 양말 등을 그 색상과 관련된 걸 산 적이 있긴 했다. 그러나 늘 찝찝함이 앞섰다.

옷 스타일 또한 다른 사람들의 눈에 띄고 싶지 않은 마음에 트레이닝복 차림을 선택했다. 물론 편안함도 있어서 손이 자주 가긴 했지만, 살집이 있던 내가 입자니 너무 펑퍼짐해 보여서 입을 때마다 고민했었다. 물론 지금은 편안함에 맛 들이는 바람에 떼려야 뗄 수가 없는 사이가 됐지만, 한창 입고 다니던 시기에는 그랬다. 꾸미는 옷을 입자니, 누군가 내몸을 보고 수군덕거릴까 봐 겁이 났다.

음식 같은 경우도 그랬다. 변덕이 심한 사람이라 그때그때 좋아하는 음식이 다르다는 걸 전에는 알지 못했다. 남들처럼 '소울 푸드' 정도는 있어야 할 것 같다는 생각에 이것저것 끼워 맞췄다.

이렇게 뭔가를 정하려고 하면 할수록 나를 잃어버리는 느낌이 들었다. 내가 진짜 원하는 게 뭔지, 무얼 좋아하는지에 대해 제대로 알 수 있는 게 단 하나도 없었다. 그러다 보니 자꾸 자신을 스스로 탓하기만 했다. 남들 다 정하고 사는, 이 쉬운 거 하나 나는 제대로 정하지도 못하느냐고. 왜 나는 매번 다른 사람의 뒤만 쫓아가고 있느냐고. 꼬리에 꼬리를 물고 자꾸 물어 어두컴컴한 곳에 나를 가두고 손가락질만 했다.

다른 사람을 배려하고 양보를 하는 만큼 스스로에게도 배려와 양보가 필요했다. 다른 사람의 말을 귀담아듣고 공감하는 만큼 스스로 자신의 말을 귀담아들으며 공감하는 것이 필요했다.

답답함에 눈물을 쏟아낼 때면 나는 그저 내가 세상에 불평과 불만을 느끼고 있는 사람이라고만 생각했다. 그래서 우는 나를 마주할 때마다 왜 이러느냐고 탓하기만 했다. 그런데 그럴 게 아니라 울면서 내가 어떤 말을 하는지 주의 깊게 들어보는 노력이 필요했다.

매번 "이런 감정을 느끼며 앞으로 평생 삶을 살아가느니 차라리 사라지는 게 좋다."라는 말을 했다. 현재의 내가 어떤 감정을 느끼는지에 대해 알아보려고 한 적이 단 한 번도 없었다. 그저 우울한 것 같다. 그뿐이었다. 우울한 감정이 왜 들었는지에 대한 이유가 있는 날이 대부분이었을 텐데 그냥 넘겼던 순간들뿐이었다.

초등학생 시절, 덕질을 할 때 들었던 말 중에 머리에 박혀 떨어지지 않는 문장이 있다. 어떤 프로그램에서 나왔는지는 확실히 기억이 나지 않는다.

"우리들은 빛나는 보석인데 당신들은 그걸 놓친 거야."

현재 하이라이트 멤버인 양요섭 님이 하신 말씀이다. 자신들을 '빛나는 보석'이라고 칭할 수 있다는 게 너무 대단해 보였다. 자신의 가치를 다른 사람이 매기는 것이 아닌 자신이 매기는 것. 이런 생각을 할 수 있는 것 자체가 너무 대단했다.

우리가 맞추어가야 할 사람은 다른 누구도 아닌 나라는 걸 짚고 넘어가야 한다. 흔히 "인생은 혼자야."라고들 말을 하곤 한다. 혼자인 인생에서 살아가기 위해 가장 먼저 갖춰야 하는 태도 중 하나는 바로 다른 누구보다 내게 소중한 사람은 바로 나 자신이라는 점을 늘 기억하는 것이다. 다른 사람이 우리에게 점수를 매기고 평가하는 게 아닌, 스스로가 나를 높게 보고 삶을 끌어갈 수 있는 능력을 키우는 것에 집중하면 된다.

다른 사람의 시선을 보고 눈치를 보며 내가 해야 할 일을 결정하는 게 아니라, 내가 할 수 있는 일과 하고 싶은 일이 무엇인지 끊임없이 자신에게 되물어보고 그걸 행하면 되는 거다.

우리는 소중한 사람이다. 소중한 사람인 것에 대한 이유는 딱히 필요가 없다. 내가 나로 이 세상에 태어났다는 이유 하나만으로도 충분히 세상에 소중한 존재이다. 그러니 다른 사람에게 두는 관심을 조금씩 되돌려 나 자신에게 두도록 하자. 다른 사람의 시선에 맞출 필요 없다. 무언가로 딱 정립될 필요도 없다. 그저 지금 마음이 이끌리는 대로 행동하고, 말을 해도 된다. 당신은 그래도 되는 충분한 자격이 있는 사람이다.

무언가에 맞추기 위해 자신을 조립하며 살아가기에는 당신의 삶은 너무 소중하고, 당신은 너무 멋진 사람이다. 우울한 감정을 안고 정체된 삶을 살기에도 당신의 삶은 너무 찬란하고 당신은 너무 빛나는 사람이다.

03

지나간 시간은
되돌아오지 않습니다

후회하는 삶을 사는 데 오랜 시간을 허비했다. 아무것도 달라지지 않
는다는 걸 알고 있으면서도 후회하고 또 후회했다. 후회하는 시간이 점
점 길어질수록 그 시간을 또 후회했다. 후회는 후회를 낳는다는 생각이
절로 드는 시간이었다.

어디서부터 시작된 건지는 정확히 알 수 없다. 문득 정신을 차리고 봤
을 때, 나는 사람들 속 외톨이 존재가 되고 싶지 않다는 마음에 다른 사
람이 우선인 삶을 살고 있었다. 무언가를 하나 하는 것, 말 한마디를 뱉

는 것이 너무 조심스러웠다. 하나를 잘못하는 순간 내쳐지는 꼴을 본 적이 많았기 때문에, 어렸던 나는 그게 무서웠다.

집안 상황도 한 가지 하고 싶은 게 생기면 신경 쓸 게 너무 많았다. 그것들을 하나하나 신경 쓰고 나면 결국 내가 그걸 택하지 않아야만 했다.

누군가의 눈치를 보고, 또 내가 할 수 있는 것이 몇 가지 되지 않았다. 포기를 선택하는 삶이 길어질수록 그건 습관이 되었다. 나를 갉아먹는 아주 못된 습관 말이다. 처음은 편했다. 그러나 점점 뒤로 갈수록 이런 시간이 나에게 편안함을 주지는 못했다.

시간은 자꾸만 길어져 가고 일수는 나날이 늘었다. 허비하는 날이 점점 더 많아졌다. 그리고 어느 시점부터는 무언가를 하는 날이 사라졌다. 학교를 졸업한 이후, 밖에 나가 활동하는 것 자체를 놓아버려 오랜 시간 그 속에 갇혀 나오지 않았다.

갇혀 있는 시간이 1년, 2년. 점점 흘러갔다. 그리고 정신이 들어 돌아봤을 때는 이미 걷잡을 수 없을 만큼의 시간이 흐른 뒤였다. 왜 그런 선택을 했었던 거냐며 울었다. 나 자신에게 한 자학적인 생각들이 더 심해졌다.

시간이 지날수록 나를 대하는 나의 태도는 나빠지기만 했다. 매일 하루의 일과가 후회로 시작해 후회로 끝나는 일이 많았다.

현대의학의 아버지라고 불리는 윌리엄 오슬러는

"내일에 아무런 도움이 되지 않는다면 당신의 과거는 쫓아버려라."

라는 말을 전했다. 사실 우리는 모두 알고 있다. 이미 지나간 과거를 붙잡고 무어라 이야기를 한다고 한들 앞날을 바꿀 수 있는 건 없다는 걸 말이다.

이미 한 번 흔적이 남아버린 일, 붙잡고 있어봤자 사라질 일 따위는 없다. 돌아갈 수 있는 일도 당연히 없다. 그리고 그런 과거를 붙잡고 있어봤자 오히려 자신에게는 독이 된다. 후회되는 과거가 있다면 우리가 해야 할 일은 그것과 같아지지 않기 위해 관찰하고 조심하는 것이다.

우리가 후회를 붙들고 있으면서 한 가지 간과하고 있는 점이 있다. 지금, 이 순간에도 결국 시간은 흐르고 있다는 것이다. 흐르는 이 시간을 후회로 범벅되게 하며 보내게 된다면 미래에서는 또다시 후회로 하루를 지새운 오늘을 후회하게 된다. 이 궤도를 돌고 돌지 않기 위해 나는 지금 이탈해야만 한다.

이미 지나온 과거다. 돌아갈 수 없다. 바꿀 수가 없다. 이런 과거를 붙들고 있는 지금도 과거가 될 수 있음을 알아차려야 한다. 이렇게 후회로 범벅된 하루 또한 내일 후회의 대상이 될 수 있다. 지나간 시간은 돌아오지 않는다. 이미 과거를 후회하고 있는 당신은 너무 잘 알고 있다. 오늘도 결국 과거가 된다.

우리가 앞으로 해야 할 일은 과거를 후회하는 일을 끊는 것이다. 그리고 앞으로 살아갈 날을 위해 후회한 과거로 돌아가지 않게 하려면 자신을 더 알아야 한다. 과거의 어떤 부분이 마음에 들지 않는지, 당시 어떤 마음을 가지고 있었는지에 대해 철저하게 분석하고 그때와 같은 행동을 반복하지 않으려 애를 써야만 한다. 사람은 자꾸 전으로 돌아가려 하는 탄력성을 지녔기 때문에 그것에서 벗어나려 노력해야만 한다. 과거를 후회하는 게 아니라 앞으로 나아갈 수 있는 방식을 배우는 게 중요하다.

소중한 삶이다. 세상에 놓인 어떤 좋은 말을 가져다 붙여도 모자를 만큼 소중한 당신의 삶이다. 이런 삶을 후회로 범벅 되게 하며 살아간다는 것은 너무 안타깝다. 후회 속에서 뛰쳐나와 이제 움직이는 삶을 살아도 된다. 자신에게 그것을 허락하자.

우리는 스스로 생각을 하고 결정하고 행동하는 존재다. 그렇다 보니 당시에는 최선이라고 생각했던 게 돌아서서 봤을 때, 아닐 수도 있다. 그때마다 후회하며 내 삶을 비난하며 살아갈 수는 없다. 흘러가는 시간이 존재한다는 건, 아직 살아 있는 내게 또 다른 기회가 주어진다는 것이다. 그럼 우리는 이번의 실패한 경험을 바탕으로 새로운 경험을 쌓아 올리도록 하면 된다. 그렇게 쌓아 올린 끝에 자신이 생각한 최선, 그 이상의 결과를 낼 수도 있을 것이다.

앞서 말했듯이 나는 가만히 정체된 삶을 무려 5년이라는 시간에 걸쳐 살았다. 사실 그전도 학교만 다녔을 뿐, 그 어떤 것도 제대로 하며 보냈던 시간이 아니었기 때문에 합하게 된다면 족히 10년은 넘을 것이다. 나는 무언가를 하는 게 두려웠다. 아무것도 정해지지 않은 앞길이 무서웠다. 내가 가야 할 길이 희미하게라도 보인다면 두려움이 덜할 것 같았지만 정말 앞이 캄캄하다는 게 무서웠다.

내 인생을 내가 책임져야 한다는 사실이 무서웠다. 책임감을 가지며 삶을 살아가고 싶었으나 막상 책임을 질 생각을 할 때는 무서웠다. 아무래도 스스로 결정을 하며 살아온 것보다는 다른 사람의 결정에 따라가며 살았던 탓이 큰 듯했다.

앞에 놓인 나의 소중한 삶은 후회로 가득한 과거와 다르게 살아갔으면 하는 바람이 있었다. 그래서 이러한 책임을 지는 사실이 무섭지 않으려면 어떻게 해야 할지 고민했다. 잘 굴러가지 않는 머리를 굴려보긴 하지만 뭐라 딱히 나오는 답은 많지 않고, 한 가지뿐이었다. 책임을 지며 살아가는 일이 두렵고 무섭지 않을 수는 없다는 것. 그런데도 살아야 하는 이유는 결국 내 인생이라는 것. 질문에 대한 명확한 답은 아니지만, 나오는 것이 이것뿐이었다.

두렵고 무섭긴 하지만, 그러므로 인생이다. 결국, 내가 인생에서 배워야 할 건 그러한 감정들을 조절하는 방법이다.

후회할 때면, 이런 두렵고 불안한 감정을 느낄 바에 차라리 콱 죽는 게 낫다고 생각을 했었다. 하지만 그건 오롯이 좁은 시선으로 나 하나를 봤을 때만 나오는 답이었다. 당신이 대단하다고 생각하는 롤 모델 혹은 좋아하는 연예인이나 공인을 한 명 택해 인터뷰해본다면, 그들도 두렵고 불안한 감정을 느꼈다는 걸 알 수가 있다.

특히 나는 2020년 방탄소년단이 한 청년의 날 연설문을 다시 꺼내 보면서 알게 되었다. 그들도 우리와 다를 거 없는 감정을 느꼈다는 걸 말이다. 그리고 여기서 다른 점도 발견하게 됐다. 이들은 자신을 믿어보기로 했고 지금, 이 순간의 자신에게 솔직해지기로 다짐을 했다는 사실을.

앞으로 흘러갈 인생에서 두려움과 불안, 우울과 공포가 없다고 확신을 내릴 수는 없다. 하지만 한 가지 확실한 건 그 감정을 느끼고 있을 때도 자신을 믿고 거짓 하나 없이 솔직한 감정을 내포한다면 감정에 잠식되지 않고 앞으로 나아갈 수 있을 거라는 점이다.

우리의 인생은 너무나 소중하다. 후회하고 변명을 쏟아내며 자신을 가두지 말자. 후회 대신 자신을 돌아보자. 자꾸만 아쉬운 것들이 떠오른다면 어떤 부분에서 특히 더 그러한지, 더 나은 방법은 없었는지 연구하자.

지나온 시간은 돌릴 수 없다. 이미 가버린 과거는 인사하여 보내주고 가버릴 과거를 더 알차게 보내도록 자신을 믿고 나아가 보자.

지금 충분한
행복 느끼기

"지금까지 늘 예외 없이 그래왔고, 앞으로도 적당히 포기해가며, 가치 있는 행복을 누리며 살고 싶어요."

2015년 아이유 님이 한 잡지 기자와 인터뷰하던 중 한 말이다. 적당히 포기해가며, 가치 있는 행복을 누리고 싶다는 말이 참 인상이 깊었다.

'행복'은 개인마다 느끼는 기준점이 다르다. 그래서 한 번쯤은 자신이 어떨 때 행복한지에 대해 짧은 고민을 해봤으면 한다. 그저 아무것도 몰랐을 때의 나는 '행복'을 느끼기 위해서는 가진 게 많아야만 한다고 생각했다. 스스로 명확하게 내린 규정은 없지만, 무언가 남들보다 더 많은 걸 가졌을 때만 행복할 것으로 생각했다. 내가 어떨 때 기분 좋은 웃음을 흘리는지, 마음이 편안한지에 대해 고민은 해보지도 않은 채 말이다.

아이유의 인터뷰를 처음 봤을 때, '자신이 하고 싶은 일을 하기 위해 일부를 포기하며 가치 있는 행복이 가능한 걸까?' 하고 의문을 품었다. 정말 멋있는 답변인 건 알았다. 하지만 어떠한 일부를 포기하며 얻는 게 과연 진정으로 행복할 수 있는지 어린 마음에 의문이 들었다. 행복에 관해 일체의 고민을 해보지 않았던 사람이었기 때문에 더욱 그러한 의문이 들었던 듯하다.

어릴 적부터 자존감은 낮은데 욕심은 많았다. 많은 걸 가져야만 풍족한 느낌을 받았다. 풍족한 느낌이 행복이라고 생각했다. 그래서 항상 남들보다 덜 가졌으니까 나는 불행한 사람이라고 생각했다. 그래서 더욱 움츠러들었다. 가지지 못한 게 불행하니까, 남들보다 많이 가지지 못한 나를 드러내는 게 너무 부끄러운 것이라고 여겼다. 그리고 늘 자신이 초라하다고 느꼈다.

조금 더 자란 후에는 물질적인 것뿐만 아니라 정신적인 것도 행복의 원인이 된다는 것을 깨닫게 됐다. 하지만 행복이 정확히 어떤 것인지 몰랐다. 분명 어릴 적부터 행복을 바라던 사람이었다. 하지만 10년이라는 시간이 흘렀어도 행복이라는 게 어떤 것인지 알 수가 없었다.

물질적이든, 비물질적이든 큰 걸 가지면 그게 온전한 행복일 것으로 생각했다. 하지만 자라서 세상을 바라봤을 때, 나의 기준에서는 저만큼이면 충분히 행복하고도 남을 것으로 생각했던 사람 중 다수는 행복감을 느끼지 않고 있다는 것을 알게 되었다. 그들을 바라보며 그럼 행복해지는 건 도대체 언제 이루어질 수 있는 건지 의문이 들었다.

한때 '소확행'이라는 단어가 많이 떠오르던 때가 있었다. '소확행'이라는 단어는 일상에서 느낄 수 있는 '작지만 확실하게 실현 가능한 행복'을 뜻하는 말이다. 한동안 이 단어에 꽂혀 배경화면도 하고 프린트해서 책상 앞에 붙여두기도 했었다. 당시 소확행을 제대로 깨달았기 때문에 붙여둔 게 아니라 뜻이 너무 좋았고, 나도 소소한 행복을 느끼는 일상에서 살아가고 싶은 마음에 붙여뒀다.

일상에서 느끼는 소소한 행복이 어떤 것인지 깨닫게 된 순간은 다시 감사일기를 쓰기 시작했을 때다. 처음 감사를 말하고 다시 쓰기 시작했을 때는 마음이 온통 불안투성이였기 때문에 제대로 느낄 수 없었다. 하지만 점차 쓰는 순간들이 늘어날수록 이게 하루 속에서 내가 느끼는 행복감이 아닐까 싶은 마음이 들었다.

진정으로 내가 감사한 마음이 든다는 것은 내가 그것에 온전히 만족했기 때문에 들 수 있는 것이다. 하나라도 불만이 있게 된다면 감사함이 아닌 짜증과 같은 불쾌한 감정들만이 올라오기 때문이니까 말이다. 하루 속에서 감사한 일을 먼저 찾아 나열해봤을 때, 당시 느낀 감정이 무엇이냐고 스스로 되물어보게 된다면 아마 가장 쉽게 나오는 답들이 편안함 혹은 자신도 몰랐던 행복일 확률이 가장 높다.

나의 감사일기로 예시를 들어보겠다. 나는 아무래도 집안 사정이 있다 보니 부모님과 보내는 시간이 매우 적다 못해 거의 없었다. 살아오면서 부모님과 있을 수 있는 시간은 잠자기 전이 고작이었다. 그런데 요즘은 어머니께서 아프신 관계로 오후에는 집에 계신다. 그래서 가끔 같이 산책할 때가 있다. 그렇게 오손도손 이야기를 나누며 산책을 한 그날 밤, 하루의 끝에서 나는 감사한 일로 '엄마와 함께 산책하며 다닐 수 있는 시간이 주어져 감사합니다.'를 적었다. 어머니와 함께 걸음을 걸으며 일상을 즐기는 것 자체에서 나는 행복함을 느낄 수 있었다.

그리고 다음으로 밥을 먹을 수 있어서 감사하다는 말을 적었다. 밥을 할 수 있는 재료를 살 돈이 있고 그것으로 따뜻한 밥을 먹을 수 있는 것은 정말 행복한 일이 아닐 수 없다. 한번 없어 본 사람들은 그 없을 때의 초라함과 배고픔, 그리고 비참함을 겪어봤을 것이다. 그래서 살 수 있고 먹을 수 있다는 것이 소중하다는 걸 안다.

마지막으로 한 가지 더 적어보자면 밖에서 혼자 산책하며 걸을 수 있는 다리가 있다는 점에 감사하다고 적었다. 사람이 우울하면 밖에 나가서 좀 걸으라는 말을 굉장히 많이 듣곤 한다. 그리고 밖에 나가 걷다 보면 생각이 정리되고 마음이 한결 편안해진다는 말을 듣기도 하고 말이다. 처음에는 나도 이런 말을 이해하지 못했다. 걸을 때마다 심란한 마음이 가라앉지 않는 건 똑같았기 때문에 말이다. 하지만 며칠이 지나고 나서부터는 산책을 하는 것이 마음의 편안함을 가져다줬다.

감사일기를 꾸준히 적다 보니 행복은 정말 별거 아닌 순간들로도 찾아왔다. 하루를 보내고 몸을 누일 수 있는 공간이 있는 것도 행복이고, 날이 좋은 것도, 필요한 물건을 살 돈이 있는 것도, 일을 할 수 있는 몸이 있다는 것도 감사하게 여기니 순간순간이 행복한 일투성이였다.

스스로의 힘으로 좌절을 극복하고 성공을 이룬 사람의 다수가 말을 한다. 행복해지겠다고 결심하라고, 바로 지금 행복해지겠다고 다짐을 하라고. 이게 어떻게 가능하겠나 싶었다. 하지만 내가 어디에 행복의 기준을 두고 어떤 감정을 행복이라고 느끼느냐에 따라 바로 행복해지는 게 가능하다는 걸 이제 알겠다.

사소한 일에 행복감을 느끼면 좋은 점은 감정의 변화가 크지 않게 된다는 것이다. 매 순간 요동치는 감정에 스트레스를 받을 일이 적다. 그리고 작은 순간들에 미소를 짓게 된다. 게다가 이상하게도 평소보다 운이 좋은 일들이 더 많이 들어오는 듯함을 느끼게 된다. 운이 좋다고 느끼면 느낄수록 운이 좋은 일들이 많이 들어온다고들 하니 행복감을 느끼는 일은 더 많아지게 될 것이다.

행복을 느끼는 것은 정말 별다를 게 없다. 어릴 적 내가 생각하던 것과 달리 크지 않은, 사소한 부분들에서 행복하다고 느끼는 것들이 훨씬 많다. 그렇기에 지금, 이 순간 행복해지겠다고 다짐을 하고 주위를 둘러본다면 자신을 행복하게 만드는 것들은 언제나 곁에 있었음을 알게 될 것이다.

행복함을 느끼지 못할 거라고 생각이 든다고 해도 속는 셈 치고 자신이 행복하다고 자주 말을 하고 생각을 해라. 하든, 안 하든 물론 당신의 자유이기는 하지만, 행복을 말하고 생각할수록 그에 상응하는 것들이 다가오기 마련이니 이왕이면 말을 해보는 편이 낫지 않을까?

굳이 먼 곳을 보지 말고 바로 주변에 있는 행복을 찾아 더 큰 행복을 만들어나가 보자. 우리는 그래도 마땅한 사람이니 말이다.

모든 것에 대한 책임은
나에게 있다

'나의 선택은 오롯이 나의 책임이다.'

성인이 되고 갇혀 있는 삶을 살아가는 중간중간, 그곳에서 나와야겠다는 생각을 똑같이 하곤 했다. 그게 마음처럼 잘 되지는 못했지만 말이다. 대략 3년 전부터 나의 책장에 붙어 있었던 문구였다. 당시도 스스로 인생을 책임지지 않고 사는 나에 대해 상당한 불만을 가지며, 생각하고 살자는 뜻에서 만들었던 문장이었다.

우리 각자의 삶은 선택들이 모여진 결과물이다. 그리고 그 선택들은 내가 한 것이니 결과에 대한 책임은 내가 져야만 한다. 이왕이면 모든 선택이 모여 만들어진 결과물이 이상적이라면 가장 좋을 테니, 단번에 최고의 선택을 하면 좋을 거라는 생각을 했었다.

말처럼 쉬운 건 없었다. 제대로 된 선택을 해보지 않은 사람이 단번에 좋은 선택을 할 수는 없다. 늘 하던 버릇이 뒤로 물러서서 도망치던 것이었던지라, 나의 선택들은 자꾸만 발전이 아닌 퇴보를 하는 꼴이 되었다. 퇴보하는 삶에 대해 책임질 방법은 도무지 생각이 나지 않았다. 앞으로 조금씩 나아가 보면 되는 거 아니냐는 말도 할 수 있겠지만, 앞으로 나아가는 게 어떤 것인지 몰랐다.

지금에서야 지난 시절을 돌이켜볼 때, 나는 앞으로 나아가는 방법을 몰랐던 게 아니었다. 말로는 번지르르하게 늘어놓고 실제로 마음속에서는 책임을 지고 싶지 않았기 때문에 모른다는 변명만 늘어놓은 것이었다.

무서웠던 것이 맞다. 19세, 미성년자로서 어른들의 보호 아래에 있던 우리가 20세의 성인이 되기 직전 가장 많이 듣는 말은 어른이기 때문에 책임감을 가지고 행동해야 한다는 말이다. 그늘막이 사라지고 덩그러니 혼자 놓여 삶을 살아가자니 막막하기 그지없었다. 여러 선택지를 두고 가만히 바라보고 있으면서 이건 어려워서, 이건 실패할 거 같아서, 이건 내가 포기할 거 같아서 등의 이유를 대며 그냥 이대로 있는 삶을 살자는 선택지를 들었다.

모든 선택지에는 어떻게 해서든 책임이 따르고 그 책임은 꼭 '바로'가 아닌 시간이 흐른 뒤에 져야 할 수도 있다는 사실을 인지하지 못했다. 아무래도 사람은 혼자 살아가는 것이 아니다 보니 자연스럽게 주변을 둘러볼 수밖에 없다. 그리고 생각이라는 걸 할 수 있는 존재이기 때문에 자신에 대해 돌아볼 수 있고 반성을 할 수 있으며 깨우침을 느낄 수 있다.

내가 정신을 차리고 주변을 둘러볼 때, 또래 친구들은 이미 대학 졸업을 하거나 취업을 했다. 그리고 또 새로운 길로 들어선 친구도 있었다. 주변을 둘러보고 주의를 내게로 돌렸을 때, 나는 그런 친구들에 비해 이루어놓은 게 하나도 없었다.

사람들은 그런 말을 하곤 한다. 각자 시기가 있다고. 빨리 갈 필요도, 남들과 맞춰갈 필요도 없다고 말이다. 하지만 그것은 이미 자신의 꿈이 무엇인지 명확하게 정하고 그곳으로 달려가는 친구들에게만 해당이 되는 말이었다. 정사각형의 방 안에 갇혀 있는 사람에게는 맞지 않는 말이었다. 시기를 기다리며 여태 그랬던 것처럼 아무것도 안 하고 있을 수는 없는 노릇이었으니 말이다. 이 작은 공간을 나가야만 했다. 나서야만 했다. 그러기 위해서는 책임을 져야만 했다.

'책임'이라는 단어는 왠지 모르게 무게감이 굉장히 느껴지는 단어다.

짐을 주는 듯한 단어라고 느껴졌다. 책임이 과연 정말로 짐을 얹어 주는 것인지 겪어보지도 않았으면서 짐을 주는 거라고 단정하며 피하기만 했다.

2021년 여름에 『젊은 날의 초상』을 읽은 적이 있다. 이 책에 보면 이런 내용이 나온다.

"너는 말이다. 한 번쯤 그 긴 혀를 뽑힐 날이 있을 것이다. 언제나 번지르르하게 늘어놓고 그 실천은 엉망이다."

당시도 그렇고 지금도 그렇고 이 문구는 꼭 나를 저격하는 말인 것 같다. 그리고 '그 긴 혀를 뽑힐 날'이라는 문구를 보면 이제는 불안에 떨어 정신을 차리지 못하던 때가 계속 생각이 난다.

말만 번지르르하게 늘어놓은 채, 엉망인 행동을 이어나가는 내가 결국 그 책임으로 그 긴 혀를 뽑히는 날을 말하는 것이다. 결국, 구멍을 파고 안에 숨어 들어가더라도 자신이 책임져야 할 건 어디에나 있다는 말이다.

책임을 지고 행동한다는 건 결코 무섭거나 두려운 일이 아니다. 나로서 내 인생을 살아가는 건 이 세상에 태어났기 때문에 너무 당연한 일이다. 그리고 책임을 지고 행동을 하는 것은 대단한 일이다. 자신이 해야할 일, 자신에게 주어진 일을 명확하게 알고 있다는 뜻이고 그 일을 위해 부단히도 노력한다는 뜻이니까 말이다.

　삶을 다시 살아보겠다고 다짐하고 일을 하나씩 해가면서 책임감에 관련해 무거움을 느끼기도 하지만 새로 느끼는 감정이 있다. 그건 바로 '성취감'이다. 하나의 결과물을 완성하기 위해 계속 붙잡고 있는 시간이 길면 전의 버릇이 나와 도중에 놓아버리고 포기하고 싶은 마음이 스멀스멀 올라온다. 하지만 이런 마음을 꾹꾹 눌러 담아 결국 그런 감정들보다 내 행동이 더 앞서 이겼을 때 올라오는 그 뿌듯함은 말로 표현이 불가능하다. 뿌듯함을 한 번 느끼게 되면 웃음이 절로 나오고 행복해지는 느낌도 같이 든다. 누군가에게는 허접해 보일지도 모를 내 완성본을 홀로 보고 있으면 나름 잘했다는 생각도 들어 스스로 더 칭찬하게 된다.

　무엇이라도 좋다. 학교의 과제든, 자신과의 약속이든, 혹은 다른 누군가와 했던 약속이든, 그 어떤 것이든 상관없다. 자신에게 책임이 주어져 있다는 사실을 알고 행동하고 결과를 내면, 마음을 잃지 않고 앞으로 나아간 자신에 대한 사랑이 차오르는 걸 알게 될 것이다.

　당신은 이제 알고 있다. 자신이 겪는 모든 일에 자신의 책임은 불가피하다는 것을 말이다. 가끔 사람들이 자신의 책임을 다른 사람에게 전가하는 경우가 종종 있곤 한다. 우리는 이런 사람을 '무능력한 사람'이라고 칭한다.

우리는 발전할 수 있도록 태어난 사람이다. 앞으로 나아가기 위해서 자신을 가꾸고 닦아가는 사람이라는 존재이다. 자신의 선택으로 실수하고 실패를 했더라도 괜찮다. 자신에게 책임이 있다는 걸 알고 있다면, 당신은 그런 선택을 앞으로 다가올 일에는 하지 않을 것을 깨닫고 가면 되는 것이니 말이다.

라인홀드 니버는 "책임이란 말을 빼버리면 인생은 아무 의미도 없다."라는 말을 남겼다. 책임을 지지 않는다는 건 회피하겠다는 말과 다를 바가 없다. 회피하는 인생은 너무 가엾기 짝이 없다. 발전이 없는 것과 더불어 제자리걸음도 아닌 뒤로 향하기만 하게 되는 것이니 말이다.

책임감을 느끼며 살아가는 것은 결코 두려운 일이 아니다. 내가 내 인생을 주체적으로 살아갈 수 있다는 뜻이니 말이다. 그건 정말 대단하고 멋진 일이다. 그러니 정체된 삶을 멈추고 아주 작은 일부터 스스로 약속하고 이루어보자.

나는 정말 겁쟁이었다. 책임감 따위는 볼 수도 없던 사람이었다. 이런 나도 일어나 내 인생에 책임을 다하기 위해 삶을 시작했다. 당신도 할 수 있다. 밖으로 나와 세상을 구경하는 힘을 지닌 것은 오로지 당신뿐이다. 선택들이 모여 갇혀 있는 당신을 만들어냈다. 그곳에서 나올 수 있도록 만들어줄 수 있는 유일한 사람은 당신뿐이다. 당신은 자기 자신이 더 나

은 삶을 살아가고 싶어 한다는 걸 잘 안다. 그러니 현재 상황을 내가 만

들었다는 것을, 책임감과 떼려야 뗄 수 없는 사이라는 걸 인정하고 천천

히 조금씩 시작해보자.

06

나는 원하는 모든 것을
가질 권리가 있다

앞서 나는 내가 겪고 느꼈던 이야기들을 적었다. 삶을 조금 더 윤택하게 살아가기 위해서는 자기 자신을 먼저 받아들이는 게 중요하다. 나 자신이 어떤 존재인지, 어떻게 살아왔는지에 대해 인정을 하는 것이 필요하다. 자신에 대한 부정적인 시선을 접어두고 그간 했던 실수와 실패를 인정해야 한다.

고통받고 아파한 당사자는 그 누구도 아닌 자신이기 때문에 손가락질하는 걸 그만두어야 한다. 그럴 수밖에 없었던 자신을 안고 보듬어주어야 한다.

다른 사람의 눈치를 살피며 행동을 할 필요가 없다. 이 세상에서 누구보다 소중한 존재는 자기 자신이다. 그런 자신이 다른 사람으로 인해서 하고자 하는 걸 하지 못한다는 건 너무 마음이 아프다. 다른 사람이 어떻게 생각하든 당신이 이루고자 하는 것이 있다면 이루면 된다. 하고자 하는 것이 있다면 하면 된다.

생각해보면 눈치를 보며 살던 시절, 만났던 사람들과의 인연을 꾸준히 이어오고 있지도 않다. 인생에서 한 번 스쳐 지나갈 인연 때문에 나의 결정을 머뭇거리고 시도하지 않는 건 참 안타까운 일이다. 당신이 한 행동에 대해 비난하고 손가락질을 해댄다면 그 사람은 곁에 둘 필요가 없는 사람이다. 애초에 누군가의 행동에 대해 비난을 하는 사람이 제대로 된 마인드를 지니고 있을 리 없다.

하루를 매일 긍정적으로 살아가는 방법의 가장 작은 시작은 감사에 대해 생각하는 것이다. 보통 감사일기를 많이 쓰기는 하지만 굳이 쓰지 않아도 괜찮다. 하루의 끝에 잠을 청하려 누웠을 때, 오늘 하루를 되살펴보고 감사한 부분을 한 번 생각해보기만 해도 된다. 그 작은 행동이 당신의 삶에 큰 영향을 가져다줄 것이다.

그리고 또 다른 방법은 지금 당장 행복을 느끼는 것이다. 물론 사람에 따라 다르겠지만, 나는 감사일기를 작성하며 일상에서 느낄 수 있는 사소한 행복들이 어떤 것인지 명확히 알게 되었다. 따로따로 생각하기보다 나처럼 감사일기와 소소한 행복을 묶어 생각해본다면 조금 더 큰 시너지가 나올 것이다.

그리고 또 다른 방법은 많이 웃는 것이다. 굳이 소리를 내어 크게 웃지 않아도 된다. 작게 미소만 지어도 괜찮다. 정말 시도 때도 없이 미소를 지어봐라. 마스크를 쓰며 살아가는 지금, 이 시국에 나는 정류장에서 버스를 기다리면서, 버스를 타서 창밖을 보면서, 수업을 들으면서 중간중간 미소를 지어, 입가에 미소가 오래 머무르게 하는 연습을 하곤 한다. 이렇게 미소를 짓고 나면 신기하게도 마음이 평온해지게 된다.

마지막으로 알려줄 나의 방법은 감정이 상하기 시작하려 할 때면, 금방 다시 원상태로 돌아오는 것이다. 사실 어떻게 보면 이게 가장 어렵긴 하다.

명상하게 되면서 알게 된 것이 있다. 간략하게 설명하자면 내면에는 두 가지의 목소리가 있다는 점이다. 하나의 목소리는 가짜, 또 하나의 목소리는 진짜이다. 우리는 가짜의 목소리에 익숙해져 있어서 자꾸만 감정이 오락가락하며 바뀌고 부정적인 생각을 하게 되는 경우가 다반사다.

그럴 때마다 "내 감정은 소중하다.", "나는 내 기분이 상하는 걸 원하지 않아. 나는 행복해."라는 말을 중얼거리게 된다면 신기하게도 몇 분 뒤에 감정이 서서히 돌아오는 걸 느끼게 될 것이다.

당신은 당신 스스로가 못났고 원망스럽다고 생각하고 있을지도 모른다. 하지만 그건 결코 사실이 아니다. 나는 최근에 잠깐 작곡을 배운 적이 있다. 작곡 선생님께 몇 달이 지나고 연락을 드리게 된 적이 있었는데, 그때 선생님께서 내게 말씀을 해주셨다. 충분히 행복할 자격이 있는 사람이라고 말이다. 나는 이 말을 고스란히 당신에게 전해주고 싶다.

이만큼 온 것도 당신은 잘 해내온 것이다. 얼마나 많이 울고 애썼을지 다 가늠이 되는 건 아니지만 비슷한 경험을 한 사람으로서 알 수 있다. 참 힘든 시간을 겪고 있다는 것을 말이다. 자신이 할 수 있는 한에서 당신은 잘 해내는 중이다. 그러니 더는 당신에게 채찍을 주지 말자. 안아주고 보듬어주자. 많이 힘들었냐며, 얼마나 외로웠냐며 말이다. 그리고 같이 행복해지자고 약속을 하자. 당신은 충분히 행복할 자격이 있는 사람이다. 세상에 가진 모든 좋은 것들을 가득 안아도 되는 사람이다. 한 치의 의심도 하지 마라.

세상이 어둡고 피폐하다고만 생각을 했는데 막상 나가서 세상을 바라보니 아름다운 순간들이 넘쳤다. 어렵다고만 생각했는데 막상 마음을 달리 먹고 겪어보니 견딜 수 있는 정도로만 어려움이 다가왔다. 그리고 그렇게 떨었던 시절들에 비해 너무 아무렇지도 않은 시간이었다.

혹시 누군가 너무 늦게 시작하는 건 아닌지 겁이 난다면 그럴 필요가 없다고 말을 해주고 싶다. 아무래도 나 또한 또래와 비교해서 많이 늦었던 탓에 엄청나게 고민을 했다. 못 할 거라는 생각이 앞서기도 했고 말이다. 그런데 나가서 겪어보니 늦고 빠르고 적당한지는 아무짝에도 상관이 없었다. 물론 나도 더 많은 삶을 살아본 건 아니지만, 미래에도 생각은 변함없을 것 같다. 모두 그저 자기 하기 나름이다.

물론 도중에 불안함이 올라오는 일도 있긴 할 거다. 나는 자신과 대화를 나누는 것이 가장 중요하다고 생각한다. 그래서 불안함이 올라오게 된다면 불안해할 필요가 없다고, 잘해낼 거라고 말을 계속해줄 것이다. 실제로도 그렇게 실행하고 있다.

특히 요즘은 '눈을 감고 걸어도 난 맞는 길을 고르지.'라는 말을 자주 한다. 사실 이 문장은 아이유의 〈분홍신〉 가사 중의 일부분이다. 앞이 컴컴한 순간에서도 자신에게 맞는 길을 고른다고 표현을 한 것은 결국, 내가 선택한 길이 옳다는 걸 자신에게 확신시켜주는 말이다. 전적으로 자기 자신을 믿는다는 말이다.

우리는 너무 소중한 사람들이다. 어떤 이유를 가져다 붙이지 않아도 모든 게 다 통용이 될 만큼 말이다. 이 사실을 꼭 잊지 말기를 바란다. 당신은 당신이 원하는 대로 삶을 살아갈 수 있다. 원하는 모든 것을 우리는 가질 수 있다. 그러니 너무 오래 같은 곳에 머물러 있지는 말자. 나올 수 있다면 최대한 빠르게 나오자. 세상에는 생각보다 어려움을 안겨주는 일이 적을 것이다.

명확히 나오지 않는 답에 답답함을 다시 얻게 될 수도 있다. 더 나은 선택을 하고 싶지만 어떤 것인지 몰라 감정이 상할 수도 있다. 세상에 맞는 길이라는 건 없다. 여러 갈래로 놓인 길들 중에 당신이 옳다고 생각되는 것이 있다면 그것이 옳은 길이 된다. 그러니 자신을 믿고 한 발자국 더 앞으로 걸어가 보자. 우리는 원하는 것에 도달할 수 있는 힘을 가지고 있으니 그것에 꼭 닿게 될 것이다.

이제 새로운 길이 열렸다. 우리는 지금 그 길 위를 한 번 밟아보고 앞으로 한 발자국씩 내딛어보면 된다.

우리의 더없이 찬란한 미래는 이미 펼쳐져 있음이 확실하다. 그러니 이제부터는 함박웃음을 크게 지으며 살아가도록 하자.